Höma Verlag
Im Schlangengarten 56
76877 Offenbach
Tel.: 06348/959391
info@hoema-verlag.de
www.hoema-verlag.de

in Kooperation mit:
RHEINPFALZ Verlag und
Druckerei GmbH & Co. KG

Konzeption und Text:
Tatjana Stegmann

Illustration:
Steffen Butz

Layout:
Digitale PrePress GmbH
www.digitale-prepress.de

Druck:
Westermann Druck Zwickau GmbH

ISBN:
978-3-937752-23-5
12,80 Euro

*Vorwort* 5
1. *Abstrakte Kunst* 7
2. *Akt* 8
3. *Alt* 9
4. *Antike* 10
5. *Architektur* 11
6. *Archiv* 13
7. *Arie* 14
8. *Ästhetik* 15
9. *Ausstellung* 16
10. *Autor* 17
11. *Avantgarde* 18
12. *Ballett* 20
13. *Bariton* 21
14. *Barock* 22
15. *Bass* 23
16. *Bibliothek* 25
17. *Bratsche* 26
18. *Buchmesse* 27
19. *Buchpreisbindung* 28
20. *Collage* 31
21. *Der Blaue Reiter* 33
22. *Design* 35
23. *Drama* 36
24. *Ensemble* 38
25. *Epos* 39
26. *Essay* 40
27. *Expressionismus* 41
28. *Feuilleton* 43
29. *Finissage* 44
30. *Firnis* 45
31. *Fresko* 47
32. *Frottage* 48
33. *Gegenständliche Malerei* 50
34. *Geige* 51
35. *Germanistik* 52
36. *Gotik* 53
37. *Historismus* 55
38. *Intendant* 57
39. *Jazz* 59
40. *Jugendstil* 61
41. *Kabarett* 63
42. *Komödie* 64
43. *Komponist* 65
44. *Kulturhauptstadt* 66
45. *Lesung* 68
46. *Leinwand* 69
47. *Libretto* 70
48. *Literatur* 71
49. *Lyrik* 72
50. *Manuskript* 75
51. *Maskenbildner* 77
52. *Matinee* 78
53. *Mäzen* 79

54. **Medien** 80
55. **Mode** 81
56. **Moderne** 82
57. **Nibelungenlied** 84
58. **Noten** 85
59. **Objekt** 87
60. **Oper** 88
61. **Operette** 89
62. **Orgel** 90
63. **Philharmonie** 93
64. **Philosophie** 94
65. **Pinakothek** 95
66. **Poesie** 96
67. **Pointillismus** 97
68. **Porträt** 98
69. **Prosa** 99
70. **Publikum** 101
71. **Quelle** 103
72. **Regisseur** 105
73. **Relief** 106
74. **Renaissance** 107
75. **Rezension** 108
76. **Roman** 109
77. **Romanik** 110
78. **Romantik** 111
79. **Schauspielerei** 114
80. **Skulptur** 115
81. **Soiree** 116
82. **Sopran** 117
83. **Souffleur** 119
84. **Spielplan** 120
85. **Sprache** 121
86. **Stillleben** 122
87. **Streichquartett** 123
88. **Tenor** 125
89. **Theater** 126
90. **Uraufführung** 128
91. **Urheberrecht** 129
92. **Verlag** 131
93. **Vernissage** 133
94. **Vers** 134
95. **Virtuose** 135
96. **Vorsprechen** 136
97. **Welterbe** 138
98. **Xylophon** 140
99. **YouTube** 142
100. **Zeitgeist** 144

## Keine Angst vor Fachchinesisch

Sicher ist euch schon mal aufgefallen, dass jedes Fachgebiet seine eigenen, ganz bestimmten Begriffe hat. Nur wenn man die kennt, kann man verstehen, wovon die Rede ist. Wenn sich zum Beispiel Mediziner miteinander unterhalten, versteht ihr vielleicht nur Bahnhof. Genauso verwenden Fachleute in Politik, Wirtschaft, Kultur und Sport immer wieder bestimmte Begriffe. Die stehen dann oft auch so in der Zeitung.

Damit ihr bei dem Fachchinesisch nicht auf der Strecke bleibt, sondern mitreden könnt, erklärt euch Nils Nager einige der wichtigsten Begriffe – hier in diesem Band aus dem Bereich der Kultur.

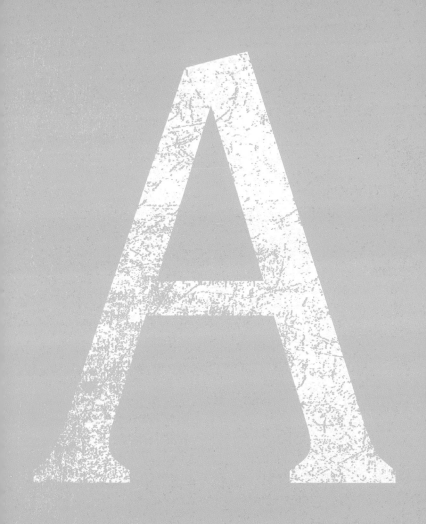

# 1. Abstrakte Kunst

*„**W**as soll das denn sein?" – Hat euch das auch schon mal jemand gefragt, dem ihr ein selbst gemaltes Bild gezeigt habt? Während für euch selbst ganz klar ist, was das Bild zeigt, ist es für den Betrachter nicht unbedingt gleich zu sehen. Das kann verschiedene Gründe haben: Vielleicht wolltet ihr eine Sache malen, aber es ist euch nicht so gut gelungen, als dass es jemand anderes erkennen könnte. Oder aber ihr habt etwas immer mehr vereinfacht und nur die Grundformen wiedergegeben. Oder ihr wolltet nur einfach verschiedene Farben, Formen, Linien und Kleckse miteinander auf ein Bild bringen, so dass es dann auch wieder eine besondere Stimmung zeigt. So oder so: Ihr habt in den beiden letzteren Fällen sogenannte abstrakte Kunst geschaffen.*

***B**is ins 20. Jahrhundert hinein galt eigentlich nur das als richtige und gute Kunst, was eine echte Sache abbildet. Dass Kunst aber mehr kann als nur die Natur nachahmen, das bewiesen Künstler ab etwa den 1910er Jahren: Sie malten plötzlich Bilder, die entweder ganz ohne Gegenstände auskamen oder Dinge so sehr auf ihre wesentlichen Merkmale beschränkten, dass man schon genau hinsehen muss, um sie zu erkennen. Der Russe Wassily Kandinsky (→ DER BLAUE REITER) zählt als Mitbegründer dieser Kunstrichtung, die sich seither immer weiterentwickelt hat.*

## 2. Akt

*Es gibt Worte, die mehrere Bedeutungen gleichzeitig haben. Der Begriff „Akt" zum Beispiel, der in der Kultur zwei wesentliche Bedeutungen hat:*

*Zum einen bezeichnet man an Schauspiel- oder Opernbühnen einen einzelnen Abschnitt eines Stückes als Akt. Er unterteilt die Handlung inhaltlich in größere Abschnitte. Daher kommt auch die Bezeichnung. Denn der Begriff kommt vom lateinischen „agere", das übersetzt „handeln", „betreiben" oder „tun" heißt.*

*Zum anderen wird auch die Darstellung eines nackten Körpers in der Bildenden Kunst – also auf Gemälden, Fotografien oder als Skulpturen (→ SKULPTUREN) – als Akt bezeichnet. Auch hier liegt das lateinische Wort „agere" zugrunde, denn ursprünglich ging es darum, einen Menschen in Bewegung, also bei einer Handlung, darzustellen. Um dabei seine Körperlichkeit zu betonen, hat man ihn nackt gezeigt.*

## 3. Alt

*Als „Alt" wird eine Stimmlage bezeichnet, die heutzutage von Frauen gesungen wird. Sie ist etwas tiefer als der Sopran (→ SOPRAN), die höchste weibliche Singstimme. In Anlehnung an diese Singstimme werden auch manche Instrumente mit dem Zusatz „Alt" versehen, wenn sie einen etwas tieferen Klang haben. Sieht man sich die Wortherkunft an, kann man ins Straucheln geraten. Denn der Begriff kommt vom lateinischen „altus", was übersetzt sowohl „hoch" als auch „tief" bedeutet. Aber eigentlich trifft das die Sache perfekt: Die Bezeichnung stammt nämlich ursprünglich aus dem Bereich des Männerchors. Und da ist hoch im Vergleich zur Frauenstimme auch noch irgendwie tief.*

## 4. Antike

*Immer dann, wenn vom alten Griechenland oder dem alten Rom die Rede ist, fällt auch der Begriff der „Antike". Das ist kein Zufall. Denn als Antike wird das Zeitalter des Altertums im Mittelmeerraum bezeichnet, das etwa vom Jahr 1200 vor Christus bis etwa 600 nach Christus dauerte. Und dort prägten die griechische und die römische Kultur das Leben und die Gesellschaften maßgeblich. Das Wort leitet sich vom lateinischen „antiquus" ab, das mit „alt", „altertümlich" oder auch „althergebracht" übersetzt wird. Als „antik" bezeichnet man heute aber umgangssprachlich nicht nur Dinge aus dieser Epoche, sondern auch Gebrauchsgegenstände, die zumindest schon etliche Jahrzehnte alt sind.*

# Architektur

*Unter dem Begriff Architektur versteht man insbesondere drei Dinge: Zum einen wird mit „Architektur" eine Wissenschaft bezeichnet. Die setzt sich vor allem mit der Gestaltung von Gebäuden, aber auch von Plätzen oder Landschaften auseinander. Man kann diese Wissenschaft an Hochschulen studieren. Außerdem wird mit dem Wort ganz speziell bezeichnet, wie ein Bauwerk gestaltet ist. Man kann zum Beispiel sagen: „Die Architektur dieser Villa erinnert an die Bauweise des Mannheimer Schlosses." Und zuletzt bezeichnet man auch einen für eine bestimmte Zeit oder Region typischen Baustil oft mit dem Sammelbegriff „Architektur" wie zum Beispiel „die Architektur der Klassik".*

*Ein Architekt hat die Aufgabe, Bauwerke zu entwerfen, und zwar so, dass sie ihre jeweilige Funktion bestmöglich erfüllen. Dabei kommt es aber eben nicht nur auf praktische Dinge an, sondern auch auf gestalterische: Denn selbst wenn beispielsweise die Zimmer eines Hauses noch so praktisch angeordnet sind, sollte das Haus insgesamt auch noch einem bestimmten Geschmack entsprechen. Architektur ist also sehr nah am Design (➜ DESIGN), das Form und Funktion miteinander verbindet.*

# Archiv

*Archive gibt es schon sehr lange, nämlich seit der Antike (→ ANTIKE). Als die Menschen begannen, in ihren Ämtern alles aufzuschreiben, um hinterher einen Beleg dafür zu haben, was sie wann und warum wie getan oder beschlossen hatten, war das Archiv geboren. So kommt das Wort denn auch ursprünglich aus dem Griechischen: „Archeion" bedeutet so viel wie „Amtsgebäude". Auch die Römer haben sich den Begriff als „archivum" zu eigen gemacht. Und so gelangte das Wort auch in unsere Sprache. Denn nicht nur Regierungen ließen wichtige Dokumente (also Schriftstücke, die etwas belegen) nach bestimmten Regeln aufbewahren, sondern auch die Kirche, die jahrhundertelang Latein als Amtssprache hatte. Die Regeln und Gesetze zur Archivierung wurden immer genauer und ausgefeilter. So konnten Schriftstücke immer besser auch Jahrhunderte nach ihrer Einlagerung wiedergefunden werden.*

*Vor allem in den vergangenen Jahrzehnten wurde der Begriff des Archivs aber immer weiter gefasst: Legten einst ausschließlich Verwaltungen Archive an, entstanden in der neueren Geschichte immer mehr private Archive: erst bei Firmen und Vereinen, später auch bei Privatleuten. Und heute hat praktisch jeder sein eigenes elektronisches Archiv – auf dem Computer, auf CDs und Speicherkarten.*

# 7. Arie

*Habt ihr euch schon einmal eine Oper (→ OPER) angehört? Vielleicht von einer CD oder sogar direkt in einem Opernhaus? Dann habt ihr auch schon mal eine Arie gehört. Denn als Arie bezeichnet man ein besonderes Gesangsstück, das seinen Platz vor allem in Opern hat. Es gibt aber auch andere Musikwerke, in denen Arien vorkommen: zum Beispiel in sogenannten Kantaten (mehrteilige Gesangswerke) oder Oratorien (eine besondere Art der Kirchenmusik).*

*Eine Arie wird immer von einem einzelnen Sänger (oder einer Sängerin) vorgetragen. Grundsätzlich spielen dazu Instrumente, meist sogar ein ganzes Orchester. Sie dient vor allem dazu, Stimmungen einzelner Personen in einem Stück darzustellen. Eine ganz bekannte Arie ist die der „Königin der Nacht" in der Oper „Die Zauberflöte", die der berühmte Wolfgang Amadeus Mozart komponiert hat.*

# 8. Ästhetik

*Als ästhetisch werden in erster Linie Dinge bezeichnet, die als schön und stilvoll, als geschmackvoll und ansprechend empfunden werden. Das können beispielsweise Kunstwerke wie Gemälde und Skulpturen (→ SKULPTUR) sein, aber genauso Gebäude oder Alltagsgegenstände wie ein schönes Geschirr. Die Bezeichnung bezieht sich dann auf die äußere Gestalt, also auf das, was wir mit den Augen sehen oder den Händen ertasten können. Aber auch Musik oder Gerüche können als ästhetisch bezeichnet werden. Und noch viel mehr: Auch kann das Verhalten eines Menschen als ästhetisch empfunden werden, weil es bestimmten Idealen entspricht.*

*Kein Wunder also, dass vor etwa 250 Jahren ein Philosoph (→ PHILOSOPH), Alexander Gottlieb Baumgarten, den Begriff der Ästhetik sehr weit gefasst hat, nämlich als die „Wissenschaft der sinnlichen Erkenntnis". Das Wort Ästhetik hat seinen Ursprung im Griechischen und umfasst auch sehr viele Bedeutungen: „Aisthesis" heißt übersetzt so viel wie „Gefühl", „Wahrnehmung", meint aber auch das „Begreifen" und das „Verständnis".*

## 9. Ausstellung

*Wenn man an eine Ausstellung denkt, fällt einem oft zuerst eine Kunstausstellung ein: zum Beispiel mit Gemälden, Skulpturen (→ SKULPTUR) oder Fotografien mehr oder weniger bekannter Künstler. Solche Ausstellungen finden meist in Galerien (Schauräume für Kunst) oder in Museen statt, manchmal aber auch in anderen Einrichtungen – beispielsweise in öffentlichen Gebäuden wie Behörden oder Schulen, in Banken oder Bahnhöfen. Zumeist steht im Mittelpunkt einer Ausstellung entweder das Werk eines Künstlers oder einer Künstlergruppe, eine Stilepoche oder ein bestimmtes Thema. Neben den Kunstausstellungen gibt es aber auch Ausstellungen zu geschichtlichen oder gesellschaftlichen Hintergründen. Und dann finden auch noch regelmäßig Ausstellungen statt, bei denen technische Neuerungen vorgestellt werden: unter anderem die Internationale Automobilausstellung in Frankfurt, die Internationale Funkausstellung in Berlin und die Computermesse CeBIT in Hannover. Die größte Ausstellung ist sicher die Weltausstellung, die alle vier Jahre in einem anderen Land stattfindet. Im Jahr 2000 war sie in Deutschland in Hannover zu Gast.*

*Bei Ausstellungen geht es also darum, anderen Menschen bestimmte Dinge zu zeigen, um sie über etwas zu informieren oder zum Nachdenken anzuregen, oder auch ganz schlicht, um etwas zu verkaufen.*

## 10. Autor

*Jeder von euch ist ein Autor! Glaubt ihr nicht? Ist aber so. Denn im ganz weit gefassten Sinn ist ein Autor jemand, der einem eigenen Gedanken, einer eigenen Idee oder einer Erkenntnis eine greifbare Form gibt und damit einen Text, ein Bild, einen Film, ein Musikstück oder sogar ein Spiel (vom Brettspiel bis zum Computerspiel) erschafft. Und jeder von euch hat zumindest in der Schule schon einmal einen Text verfasst, einen Aufsatz zum Beispiel.*

*Das Wort „Autor" kommt aus dem Lateinischen, und zwar von „auctor". Es hat viele Bedeutungen: von „Stammvater" bis „Lehrer", aber eben auch „Schöpfer", „Schriftsteller" und „Urheber". Bei uns wird als Autor vor allem ein Schriftsteller verstanden, aber auch die Urheber anderer Werke sind Autoren. Diese Werke sind durch ein ganz besonderes Gesetz geschützt: durch das Urheberrecht (➜ URHEBERRECHT). Das sorgt dafür, dass niemand fremde Werke als die eigenen ausgibt oder sie verändert, um selbst damit Geld zu verdienen oder Ruhm zu ernten. Es darf also niemand euren tollen Aufsatz nachschreiben, um selbst eine Eins zu ergattern, denn auch euer Aufsatz ist euer Eigentum.*

# 11. Avantgarde

*Dieser Begriff ist ein sehr kämpferischer – kein Wunder, denn er stammt aus der Sprache des Militärs. Die Franzosen bezeichneten einst einen bestimmten Teil ihrer Truppen als „avant garde", nämlich als die Vorhut. Das waren die Soldaten, die im Krieg vorausgeschickt wurden, um die Lage auszukundschaften und den ersten Schlag gegen die Feinde zu setzen. Es waren also Vorkämpfer im eigentlichen Sinne.*

*Weil dieser Begriff so schlagkräftig war, haben ihn sich auch andere auf die Fahnen geschrieben, die sich als Vorkämpfer sahen: Künstler zum Beispiel, die plötzlich eine ganz neue Art des Malens erfanden. Damit stießen sie natürlich auf Widerstand bei all denjenigen, die das Althergebrachte mochten und als das einzig Richtige empfanden. Avantgardisten gibt es aber auch in anderen Bereichen, in der Politik zum Beispiel. Sie haben alle gemeinsam, dass sie mit neuen Ideen das Bisherige in Frage stellen und dabei nicht langsam und behutsam vorgehen, sondern laut und auffallend. Es geht ihnen geradezu darum, dass sich viele Leute von ihnen herausgefordert fühlen, damit eine Auseinandersetzung mit dem Bisherigen und dem Neuen zu einem Wandel im Denken führt.*

## 12. Ballett

*Rosa Tutu (sprich: tütü), Spitzenschuhe und streng zurückgebundenes Haar: Wer an Ballett denkt, stellt sich zumeist das Bild einer klassischen Tänzerin vor. Das ist nicht ganz verkehrt, aber auch nicht ganz richtig. Denn das Ballett hat viele Gesichter. Kein Wunder, denn es ist schon sehr alt. So haben sich viele verschiedene Arten entwickelt. Zunächst einmal: Das Wort stammt vom italienischen „ballare", was „tanzen" heißt, „ballo" steht für „Tanz" oder „Tanzvergnügen". Auch bei uns nennt man einen festlichen Tanzabend einfach Ball. Bei einem Ballett tanzen aber nicht die Besucher, sondern ausgebildete Tänzer. Die Besucher sehen ihnen dabei zu.*

*Das Ballett ist neben beispielsweise dem Schauspiel oder der Oper (→ OPER) eine eigene Kunstform. Entstanden ist es an den Fürsten- und Königshäusern, wo sich die Adligen durch Tanzvorführungen unterhalten ließen. Ursprünglich erzählte ein Ballett grundsätzlich eine Geschichte, indem Tänzer die Handlung darstellten. Das nennt man Handlungsballett. Dazu wurde zu einer Geschichte zunächst eine Musik komponiert. Danach entwickelte man eine sogenannte Choreografie, also einen Ablauf von tänzerischen Figuren. Ab dem 16. Jahrhundert hat sich diese Form des Balletts entwickelt. Zwei ganz berühmte Beispiele dafür hat der russische Komponist Pjotr Iljitsch Tschaikowski im 19. Jahrhundert komponiert: „Schwanensee" und „Der Nussknacker".*

*Heute erzählt ein Ballett nicht mehr unbedingt eine ganze Geschichte, sondern oft ausschließlich von Stimmungen. Und die Tänzer tanzen auch nicht mehr unbedingt nur nach den Grundsätzen des Klassischen Tanzes, sondern oft viel freier, ganz oft sogar ohne Tutu und Spitzenschuhe.*

## 13. Bariton

*Bei diesem Begriff sollte man sich nicht ganz auf dessen Herkunft verlassen. Denn das Wort „Bariton" setzt sich aus zwei griechischen Wortteilen für „schwer/tief" und „Klang" zusammen. Um Klang geht es allerdings schon, denn als Bariton wird eine Gesangsstimmlage der Männer bezeichnet. Aber eben nicht die tiefste. Das ist nämlich der Bass (→ BASS). Der Bariton singt in der mittleren Stimmlage. Damit ist er nur tiefer als der Tenor (→ TENOR), die hohe männliche Stimmlage.*

## 14. Barock

*Prunkvolle Gebäude, prächtige Kleider, Gold und Glanz im Überschwang: Im Zeitalter des Barock – etwa von 1600 bis 1770 – waren Malerei und Architektur (→ ARCHITEKTUR), Musik und Literatur (→ LITERATUR) besonders üppig und reich an Schnörkeln. Dabei war die Zeit nicht gerade eine freudvolle: In diese Epoche fällt zum Beispiel der 30-jährige Krieg. Schlimme Krankheiten, Hungersnöte und Gewalt wüteten in Europa. Viele Herrscher bangten um ihren Einfluss. Da ließen sie erst recht besonders prächtige Kirchen und Schlösser bauen, um ihren Untertanen ihre Macht zu zeigen. Und auch, um sie mit der Schönheit zu blenden und von den Missständen abzulenken. Wer konnte, feierte das Leben im Überfluss, während nebenan der Tod lauerte. Das alles kann man in Gemälden dieser Zeit entdecken. Auf die Spitze getrieben wurde die Prunksucht und Verspieltheit des Barock in der auf ihn folgenden Epoche des Rokoko.*

## 15. Bass

*Wenn ihr schon einmal einem Chor zugehört habt, ist euch sicher aufgefallen, dass die Lieder sich aus verschiedenen Stimmen zusammensetzen: Ein Teil der Chorsänger singt die hohen Tonlagen, ein Teil die mittleren. Und dann sind da noch diejenigen mit den ganz tiefen Stimmen: Bei Männern nennt man diese Stimmlage Bass. Ohne diese tiefen Stimmen würde die Musik irgendwie unausgewogen klingen, sie runden das Klangbild ab. Als Bass werden auch die jeweils tiefsten Instrumente einer Instrumentenfamilie bezeichnet.*

*Interessant ist, dass der Mensch tiefe Töne mit den Ohren nicht so gut hören kann wie die höheren. Dafür kann man sie mit dem Rest des Körpers sehr deutlich spüren. Das habt ihr vielleicht schon mal erlebt, wenn ihr bei einem Rockkonzert in der Nähe der Lautsprecher gestanden habt: Dort spürt man, wie die Schallwellen des Basses den ganzen Körper durchdringen. Darin liegt auch das Geheimnis, wieso gehörlose Menschen passend zur Musik tanzen können: Sie spüren den Takt über die Bässe.*

# 16. Bibliothek

*„Du hast ja mehr Bücher hier als die Stadtbibliothek!", grummelt Papa Nagbert, als er durch Mutter Naglindes Lesezimmer gehen möchte und dabei über unzählige Bücherstapel steigen muss. „Na, nicht ganz so viele", schmunzelt Naglinde. Und fügt hinzu: „Wenn du mir hilfst, ein paar neue Regale zu bauen, dann wird's auch hier so ordentlich wie in der Stadtbibliothek!" „In der Pippi- was?!", steckt Nals seine Biberschnauze zur Tür herein. „In der Bibliothek!", muss nun auch Nagbert lachen. „Was ist denn das?", wundert sich Nals. „Na, eine Bücherei", weiß Nils, der gerade vorbeischneit, sich ein Buch schnappt und gleich wieder verschwindet. „Nils hat recht", nickt Naglinde: „Das Wort kommt aus dem Griechischen. ‚Biblion' heißt Buch, ‚-thek' ist der Begriff für ‚Gefäß' oder ‚Sammlung'. Eine Bibliothek ist also eine Büchersammlung. Die kann öffentlich sein oder auch ganz privat, so wie unsere. In öffentlichen Bibliotheken kann man Bücher nicht nur ansehen und lesen, sondern viele auch ausleihen. Viele Bibliotheken arbeiten zusammen, so dass man sich auch Bücher aus anderen Büchereien besorgen lassen kann, wenn sie vor Ort nicht vorrätig sind. Inzwischen stellen Bibliotheken meistens nicht nur Bücher zur Verfügung, sondern auch Zeitungen, Zeitschriften, Hörbücher, Hörspiele, Computer- und Gesellschaftsspiele. Also grob gesagt: Medien (→ MEDIEN) aller Art. Man könnte eine Bibliothek heute modern also auch ‚Mediathek' nennen."*

*„Gut, dann werde ich jetzt mal in meine Werkzeugthek gehen und Regale bauen, damit hier endlich Ordnung einzieht", macht Nagbert sofort Nägel mit Köpfen. „Fein, und ich schreibe für die Tür ein Schild ‚Biberbibliothek'!", ruft Nals begeistert.*

## 17. Bratsche

**O**ft wird die Bratsche einfach als große Schwester der Geige (→ GEIGE) bezeichnet. Kein Wunder, denn sie sieht fast genauso aus, ist nur ein wenig größer. Auch werden beide Streichinstrumente nahezu gleich gespielt: Man klemmt den Kinnhalter zwischen Kinn und Schulter, hält den Hals des Instrumentes mit der Hand des gleichen Armes und streicht mit der anderen einen Bogen über die Saiten.

**N**ur: Eine Bratsche hat einen ganz anderen Klang als eine Geige. Sie klingt nicht nur tiefer, sondern ihre Töne haben einen ganz eigenen Charakter. Vor allem bei der Kammermusik, also bei Konzerten vor kleinerem Publikum und mit wenigen Instrumenten, passt die Bratsche sehr gut. Auch in großen Orchestern wird sie eingesetzt, tritt dort mit ihrem Klang aber eher in den Hintergrund.

**D**ie Bratsche wird übrigens auch Viola genannt. Das Wort Bratsche leitet sich vom italienischen Begriff „viola da braccio" (sprich: „wiola da brattscho") her, was übersetzt nichts anderes bedeutet als „Armgeige".

# 18. Buchmesse

*In Deutschland hat die Buchmesse eine lange Geschichte: Schon im 15. Jahrhundert gab es in Frankfurt am Main eine Buchmesse. Im 18. Jahrhundert wurde sie dann nach Leipzig verlegt, wo auch heute noch – immer im Frühjahr – eine Buchmesse stattfindet. Im geteilten Deutschland wurde 1949 die Buchmesse in Frankfurt wieder neu belebt. Sie gilt als weltweit bedeutendster Treffpunkt für die Buchindustrie. Hier stellen tausende Verlage (→ VERLAG), Autoren (→ AUTOR), Illustratoren und andere, die mit der Buchherstellung und dem -handel zu tun haben, ihre Werke und Dienstleistungen vor. Es gibt Lesungen (→ LESUNG), Vorführungen und Diskussionen, kurz: alles, was die Herzen echter Bücherwürmer höherschlagen lässt. Hier holen sich auch Buchhändler Ideen, welche Bücher sie im nächsten Jahr in ihren Läden anbieten wollen.*

*Allerdings dürfen Privatbesucher in Frankfurt jährlich nur am Samstag und Sonntag aufs Messegelände. Die vorherigen Tage sind für Fachleute bestimmt, damit sie in Ruhe neue Projekte besprechen und sich über den Buchmarkt informieren können.*

*Und wie sieht's auf dem Messegelände aus? In großen Hallen reiht sich Stand an Stand. An manchen winzigen werden nur ein, zwei Bücher ausgestellt, an anderen Ständen, die so groß sind wie ganze Buchhandlungen, kann man dagegen Hunderte von Titeln bestaunen.*

## 19. Buchpreisbindung

**B**estimmt vergleichen eure Eltern beim Einkaufen die Preise – ganz gleich, ob sie nun Lebensmittel kaufen oder sich eine neue Waschmaschine anschaffen möchten. Weil Händler die Preise ihrer Waren weitgehend selbst bestimmen können, gibt es große Preisunterschiede bei fast allen Dingen, so dass man viel Geld sparen kann, wenn man nach einem günstigen Angebot sucht. Für einige Produkte gilt das aber nicht: Bücher (samt Musiknoten und Landkarten) zum Beispiel kosten normalerweise überall gleich viel. Für sie gilt in der Regel die Buchpreisbindung. Das heißt, dass sie in Deutschland nur zu einem von vorneherein vom jeweiligen Verlag (→ VERLAG) festgelegten Preis verkauft werden dürfen – egal, ob sie im Internet, von einer großen Buchhandelskette oder in einem kleinen Buchladen angeboten werden. Einige Ausnahmen gibt es: Die Buchpreisbindung gilt zum Beispiel nicht, wenn die Bücher deutlich beschädigt oder verschmutzt sind oder wenn der Verlag die Aufhebung der Preisbindung beantragt hat, weil das Buch bereits seit mindestens eineinhalb Jahren auf dem Markt ist.

**D**ie Buchpreisbindung ist in Deutschland gesetzlich geregelt. Sie soll sicherstellen, dass Bücher nicht zur normalen Handelsware werden, sondern als Kulturgut in möglichst großer Vielfalt geschützt bleiben.

## 20. Collage

*Kleber, einige Papierstreifen und -fetzen, ein paar alltägliche Materialien plus ein bisschen Fantasie – das waren die Grundzutaten für die ersten Collagen (das spricht man „Kollaaschen" aus) in der Kunstgeschichte. Denn genau das haben die Künstler Georges Braques und Pablo Picasso Anfang des 20. Jahrhunderts für ihre Kunstwerke verwendet, die als „papier collé" in die Geschichte eingingen. Das ist französisch und heißt übersetzt nichts weiter als „geklebtes Papier". Die beiden wollten nämlich nicht mehr nur Oberflächen und Strukturen nachahmen, sondern sie tatsächlich in ihre Bilder einbauen.*

*Daraus entwickelte sich im Laufe der Jahrzehnte das, was wir heute als Collage bezeichnen: Klebebilder, aber auch Kunstwerke, die durch das Zusammensetzen von verschiedenen eigenständigen Dingen entstehen. Musiker und Schriftsteller übertrugen diese Idee auf ihre Kunstformen. Mit der modernen Technik gibt es sogar Collagen aus digitalen Bildern und Videos.*

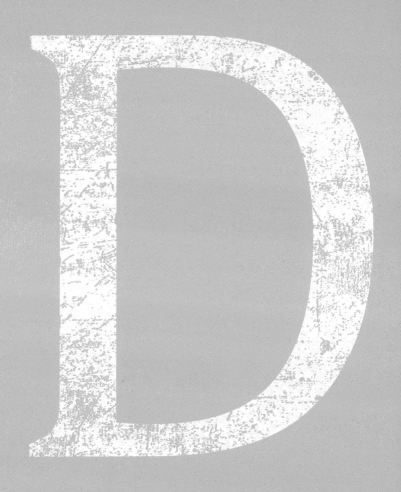

## 21. **Der Blaue Reiter**

*Ein blau gekleideter Mann galoppiert auf einem weißen Pferd übers Land, wohl mit einem festen Ziel vor Augen – das klingt eigentlich nicht nach einem besonders spannenden Bildmotiv. Und doch ist dieses Gemälde des russischen Malers Wassily Kandinsky aus dem Jahr 1903 weltberühmt geworden. Denn es sollte Namensgeber sein für die Künstlergruppe, die sich um Kandinsky 1911 in München versammelte. In dieser Vereinigung „Der Blaue Reiter" fanden sich Maler und Musiker zusammen, die ganz neue Wege in ihrer Kunst gingen: Sie waren sogenannte Expressionisten (➜ EXPRESSIONISMUS). Ihnen war wichtig, ihre Ideen und Gefühle auszudrücken. Sie wollten das, was sie sahen, nicht so abbilden, wie es in Wirklichkeit zu sehen war. Sie wollten zeigen, was in den Dingen steckt und wovon sie selbst berührt wurden. Damit stellten sie die alten Regeln der Kunst in Frage, malten nicht einfach die Natur ab, sondern füllten sie mit ihren Empfindungen. Sie veränderten Farben und Blickwinkel. Sie waren auf der Suche nach etwas ganz Besonderem – so wie der blaue Reiter auf dem Kandinsky-Bild.*

# 22. Design

*Designer-Möbel, Designer-Klamotten – das Wort „Design" taucht in vielen Bereichen auf. Mal wird es wertfrei verwendet und beschreibt, dass ein Ding auf eine bestimmte Weise gestaltet ist. Mal drückt es einer Sache einen Qualitätsstempel auf, weil viele Leute meinen, etwas, das von einem Designer gestaltet wurde, müsse auch etwas Besonderes sein. Das Wort stammt aus dem Lateinischen: „designare" heißt so viel wie „anordnen", „bestimmen" oder „planen". Designer sind also Leute, die Gegenstände – von Türklinken über T-Shirts bis hin zu Internetseiten – so gestalten, dass sie bestimmte Funktionen erfüllen. Das tun sie am besten, wenn die Gegenstände schön aussehen und wenn ihre Nutzer sie auch noch gut bedienen können. Wenn zum Beispiel ein Toaster gut designt ist, lässt sich damit nicht nur einfach Brot rösten, sondern das Gerät sieht auch noch hübsch aus. Perfekt ist das Design, wenn es noch dafür sorgt, dass Herstellungs- und Transportkosten möglichst niedrig bleiben.*

*Beispielhaftes Design wird längst in Museen ausgestellt. Und doch unterscheidet sich Design von Kunst: Kunst wird nicht geschaffen, um zweckmäßig zu sein. Design hingegen erhält allein durch seinen Anspruch auf Zweckmäßigkeit seinen Wert.*

## 23. Drama

„Das ist doch kein Drama", sagt Mutter Naglinde und streicht Nals tröstend über den Kopf. Dem kleinen Biber ist eine Tasse heruntergefallen und in viele hundert Scherben zersprungen. Da ist er so erschrocken, dass er laut losgeweint hat. „Die Hauptsache ist doch, dass du dich nicht verletzt hast."

Während Nals noch schluchzt, steckt Nessy den Kopf zur Tür herein: „Nein, ein Drama ist das wirklich nicht", erklärt sie ein bisschen besserwisserisch. „Heute haben wir in der Schule nämlich gelernt, was ein Drama wirklich ist. Herr Dachs, unser Deutschlehrer, hat gesagt, dass die eigentlichen Erfinder des Dramas die Griechen sind. Aber nicht erst in unserer Zeit, sondern schon vor rund 2500 Jahren. Das altgriechische Wort ‚drama' heißt übersetzt ‚Handlung'. In einem Drama erzählen Schauspieler eine Geschichte, indem sie sie nachahmen und miteinander Zwiegespräche führen. Den Text dazu hat ein Schriftsteller vorher aufgeschrieben, manchmal sogar in Versen (➔ VERS). Ursprünglich sind Dramen für die Theaterbühne geschrieben worden, später auch für die Oper und den Film."

„Dann bin ich aber froh", schnieft Nals und meint noch: „Kannst du das später auch noch Nils erklären? Das war nämlich seine Lieblingstasse, die er zu seinem letzten Geburtstag geschenkt bekommen hat."

## 24. Ensemble

*„Und nun hören Sie das Vokalensemble Plätscherton mit dem berühmten Biberkanon von Basilius Baumfreund. Viel Vergnügen!" Im Konzertsaal wird es leise, nur Nals flüstert noch: „Mama, was ist ein Ensemble?" „Später", wispert die Bibermutter ihrem Jüngsten zu. Nach dem Schlussapplaus meint Nals: „Wieso bezeichnet man diese Sänger als ein ‚Vokalspäter'? Das kapier ich nicht!" Erst begreift Mutter Naglinde überhaupt nicht, was Nals meint, dann fällt ihr ihre erste Antwort auf seine Frage ein, und sie lacht lauthals los: „Ach, Nals, ich meinte: Ich erkläre es dir später. Also: Ein Ensemble ist immer eine Gruppe, etwas, das zusammengehört. Außer bei Musikern gibt es das auch bei Gebäuden: Zum Beispiel bilden oft die alten Häuser rund um einen Marktplatz zusammen mit dem Rathaus oder einer Kirche ein Ensemble. Auch die beim Theater über einen längeren Zeitraum angestellten Schauspieler werden so bezeichnet. Das Wort kommt aus dem Französischen und bedeutet ‚zusammen', ‚gemeinsam', ‚das Ganze'." „Aha, dann sind wir als Familie also das Biberensemble vom Speyerbach, nicht wahr?", grinst Nals.*

## 25. Epos

*Schon wieder so ein griechisches Wort: „Epos" heißt so viel wie „Erzählung" oder „Gedicht". In der griechischen Antike (→ ANTIKE) begannen die Menschen damit, sich über die verschiedenen Formen von Texten Gedanken zu machen und sie in Gruppen einzuteilen. Der Gelehrte Aristoteles war damals sehr berühmt für seine Ideen. Er bezeichnete als „Epos" ein in bestimmten Versmaßen (→ VERS) gedichtetes Werk, das eine Geschichte erzählt, ohne sie nachzuahmen (so wie es beim → DRAMA ist). Oft geht es im antiken Epos um Heldenerlebnisse, in die sich auch die Götter einmischen. Die Geschichte von Odysseus' Reise gilt zum Beispiel als eine Urform des Epos. Auf jeden Fall musste das Epos ganz genau und mit vielen Worten beschreiben und ausschmücken, was sich da abspielte. So war klar, dass ein Epos ein eher langer Text war. Deshalb benutzt man das Wort Epos heute auch etwas freier für lange, ausschweifende Erzählungen, die nicht unbedingt einem bestimmten Versmaß folgen.*

## 26. Essay

*Manchmal kann man zum Beispiel in Zeitungen ein „Essay" entdecken. Das ist eine ganz besondere schriftstellerische Form. Anders als in sachlichen Berichten werden in einem Essay (man kann übrigens „der" oder „das" Essay sagen) nicht nur reine Tatsachen geschildert. Wer ein Essay schreibt, will viel mehr: Er macht sich Gedanken über eine Sache, die für eine Gesellschaft bedeutsam, zum Teil aber auch umstritten ist. Der Essayist, so nennt man den Schreiber, bringt Argumente für seine Sicht der Dinge vor, benutzt dafür sogar eigene Erlebnisse, erzählt leicht verständlich und erklärt alles Nötige. Dabei legt er Wert auf einen guten, manchmal sogar mit Humor gewürzten Sprachstil. Meist sind Essays so geschrieben, dass der Leser sich hinterher selbst Gedanken zu dem Thema macht und angeregt wird, sich eine eigene Meinung zu bilden.*

# 27. **Expressionismus**

*Das ist ein echtes Wortungetüm: Ex-pres-si-o-nis-mus. Wie viele Fremdwörter kommt es aus dem Lateinischen. Darin steckt das Wort für „ausgedrückt werden". Und das trifft die Sache ganz genau: Der Expressionismus war eine Kunstrichtung zu Beginn des 20. Jahrhunderts. Die Expressionisten legten vor allem Wert auf den Inhalt ihrer Werke. Ihnen war wichtig, ihre Ideen, ihre Lebenseinstellungen und Gefühle auszudrücken. Sie wollten das, was sie sahen, nicht so abbilden, wie es in Wirklichkeit mit den Augen zu sehen war. Sie wollten zeigen, was in den Dingen steckt, wovon sie selbst berührt werden und warum sie ausgerechnet dieses Motiv ausgewählt haben.*

*Damit stellten sie alle bisherigen Regeln der Kunst in Frage, malten nicht einfach die Natur ab, sondern füllten sie mit ihren eigenen Empfindungen. Sie veränderten Farben und Blickwinkel, malten oft in ungemischten, reinen und damit sehr leuchtenden Farben. Und sie beschränkten sich auf die aus ihrer Sicht wichtigen Einzelheiten und Eigenschaften der dargestellten Dinge.*

*Weil sie Regeln ablehnten, gaben sie sich selbst auch keine: Sie legten nur fest, wie ihre Kunst nicht sein sollte. Da blieb den Künstlern dieser Zeit eine Menge Freiraum, wie sie arbeiten wollten. Deshalb kann man heute auch nicht ganz bestimmte Merkmale festmachen, die man bei allen expressionistischen Werken entdecken kann. Berühmte Maler dieser Kunstrichtung waren in Deutschland zum Beispiel Franz Marc, Ernst Ludwig Kirchner, Wassily Kandinsky (➜ DER BLAUE REITER), Gabriele Münter oder Paul Klee.*

## 28. Feuilleton

*Flötenton?! Wer kein Französisch kann, wird bei diesem Wort erst einmal ratlos schauen: Wie soll man das denn aussprechen?! Keine Angst, das ist ziemlich einfach: „Fö-je-ton", wobei das „n" fast nicht zu hören ist, etwa so wie bei „Chance". Das mit der Aussprache wäre also geklärt. Die Übersetzung lautet „Blättchen". Was aber soll das sein? Mit „Feuilleton" wird heute in erster Linie der Kulturteil einer Zeitung bezeichnet. Manchmal aber auch eine journalistische Stilform, eine bestimmte Textart.*

*Ende des 18. Jahrhunderts hat ein französischer Journalist, Julien Louis Geoffroy, angeblich seine Theater- und Buchbesprechungen (→ REZENSION) zum ersten Mal als „Feuilletons" bezeichnet. Damals wurden diese kulturellen Nachrichten einfach als Extrablättchen in die normalen Zeitungen eingelegt. Heute beschäftigt sich das Feuilleton natürlich immer noch mit allen kulturellen Themen. Zugleich beleuchtet es auch andere gesellschaftlich wichtige Dinge in sprachlich anspruchsvoller Form.*

*Ein feuilletonistischer Text ist meist besonders sorgsam geschrieben, was seinen Stil angeht: Die Autoren verwenden oft Sprachbilder, bauen ihre Sätze nach besonderen Regeln auf, sind manchmal witzig und ironisch, so dass schon allein das Lesen ein Genuss sein soll.*

## 29. Finissage

*Wenn etwas gut gelungen ist, wenn man einen Erfolg hatte oder interessante und nette Menschen kennengelernt hat, dann ist das allemal ein Grund zu feiern. Bei Kunstausstellungen ist diese kleine Feier sogar ein echter Brauch geworden: Am letzten Tag einer Ausstellung lädt die Galerie noch einmal den Künstler, Geschäftspartner und Freunde zur Finissage ein (das spricht sich: Finisaasch). Da hört man schon am Klang, dass das Wort ans Französische erinnern soll. Der erste Teil des Begriffes, also das „fin", heißt so viel wie „Ende" oder „Schluss". Bei einer Finissage kommen also zum Ende einer Ausstellung noch einmal alle zusammen, reden über die vergangenen Wochen und darüber, ob viele Kunstwerke verkauft wurden, und im besten Fall ist unter den Gästen noch jemand, der selbst eine Galerie hat und den Künstler dann einlädt, demnächst dort auszustellen ...*

## 30. Firnis

*Nessy sitzt im Badezimmer und lackiert sich die Nägel. Als der rote Lack trocken ist, streicht sie noch einen durchsichtigen Lack drüber. „Wozu brauchst du denn noch eine Schicht?", will Nils wissen. „Der klare Überlack ist ein Schutz. So hält die Farbe länger", erklärt Nessy. „Ach so!", nickt Nils: „So ähnlich wie bei Bildern: Im Kunstunterricht haben wir letztens nämlich mit Ölfarben gemalt. Und als alles getrocknet war, mussten wir einen Firnis auftragen. Das ist ein klarer Überzug, der das Bild schützt. Manchmal wird er aus Leinöl hergestellt, manchmal aus Harzen, Terpentin oder anderen Grundstoffen. So hat es uns unsere Kunstlehrerin erklärt." „Nur, dass meine Nägel keine Kunstwerke für die Ewigkeit sind", schmunzelt Nessy: „Aber so überstehen sie wenigstens den nächsten Abwasch! Ich bin nämlich heute mit Geschirrspülen an der Reihe."*

# Fresko

„Und dort oben sieht man Fresken aus der Zeit der Renaissance (→ RENAISSANCE) …", deutet der Gästeführer hoch hinauf in die Kirchenkuppel. Dort sieht Nils ein Gemälde: Wolken und blauer Himmel, Engel und ein alter, bärtiger Mann. Aber wo bitte schön sind denn nun diese Fresken, was auch immer das sein mag? Also fragt Nils nach. „Ach, ein Fresko – das ist die Einzahl von Fresken – ist ein Bild, das auf eine ganz besondere Art gemalt wurde, nämlich auf den noch feuchten Wandputz aus Kalk", erklärt der Gästeführer. Nils bemerkt, dass er nicht der Einzige ist, der das nicht wusste, denn auch einige Erwachsene lauschen verstohlen der Erklärung: „Dazu haben die Maler ihre Farbstoffe in Wasser gelöst und auf die frisch verputzte Wand aufgetragen. Daher kommt auch der Name. Denn Fresko kommt von dem italienischen Ausdruck ‚al fresco'. Das heißt übersetzt so viel wie ‚in das Frische'. Die Farbe hat sich dann mit dem Kalkputz verbunden und wurde so sehr haltbar. Zum Teil überdauern Fresken mehrere tausend Jahre."

## 32. Frottage

*Bevor ich hier lange etwas erkläre, probiert ihr eine Frottage am besten gleich selbst mal aus: Nehmt ein Blatt Papier, einen Stift (am besten einen weichen Blei- oder Holzstift oder Wachsmalkreide) und ein Ding mit einer interessanten Oberfläche, zum Beispiel eine Geldmünze. Nun legt ihr das Papier auf das Ding und streicht mit leichtem Druck die Farbmine des Stiftes übers Papier. Wie von Zauberhand drückt sich das Motiv der Münze aufs Papier durch! Das klappt auch mit Pflanzenteilen wie Blättern und Rinde oder auch mit Steinen und Brettern. Der Begriff Frottage (sprich etwa: „Frottaasch") kommt aus dem Französischen und leitet sich von „frotter" für „reiben" her, kein Wunder also, dass man den Stoff für Handtücher „Frottee" nennt.*

# 33. Gegenständliche Malerei

*Jeder von euch hat schon mal gemalt, in den allermeisten Fällen sogenannte gegenständliche Bilder: ein Haus, eine Sonne, Blumen und Bäume, Menschen und Tiere zum Beispiel. Man bezeichnet nämlich solche Bilder als „Gegenständliche Malerei", auf denen man deutlich erkennen kann, was der Künstler darstellen wollte oder genauer gesagt: welche Vorlage aus der sichtbaren Welt er sich ausgewählt hatte. Diese Art des Malens ist wohl die ursprünglichste: Denn schon die Menschen der Steinzeit malten Dinge, die für sie von Bedeutung waren, an Höhlenwände. Das Gegenteil der „Gegenständlichen Malerei" ist die „Abstrakte Malerei" (→ ABSTRAKTE KUNST): Sie zeigt zumindest auf den ersten Blick nichts, was so aussieht wie etwas, das wir aus unserer Umwelt kennen.*

## 34. Geige

*Am Ende des Halses sitzt eine Schnecke, am Bogen hält ein Frosch die Rosshaare: Nein, wir haben es nicht mit Biologie zu tun, sondern mit Instrumenten, genauer gesagt mit Streichinstrumenten. Die Geige (auch Violine genannt) gehört zu dieser Instrumentenfamilie. Sie ist hier das Instrument, das die höchsten Töne hervorbringt. Ihre großen Geschwister sind die Bratsche (auch: Viola, → BRATSCHE), das Cello (sprich: „Tschello", auch Violoncello, → CELLO) und der Kontrabass. Alle diese Instrumente sehen sich sehr ähnlich: Sie haben unter anderem einen geschwungenen hölzernen Korpus (Körper) mit Schalllöchern, einen langen Hals und vier Saiten. Mit den auf den Bogen gespannten Rosshaaren streicht der Musiker über die Saiten, die dann anfangen zu schwingen. Diese Schallwellen sind so leise, dass man sie praktisch nicht als Ton hören kann. Allerdings verstärkt der hohle Korpus den Ton.*

*Die Geige ist praktisch in allen Musikrichtungen zuhause: in der Volksmusik genauso wie im Jazz (→ JAZZ) oder in der Popmusik und natürlich besonders in der Klassischen Musik. Übrigens gibt es auch bei den Geigen unterschiedliche Größen: Weil nämlich schon Kindergartenkinder mit dem Spiel beginnen können, braucht es für alle Körpergrößen eine passende Geige: Die kleinste Größe ist die Sechzehntel-Geige. Ihr Korpus ist nur etwas mehr als 23 Zentimeter lang und damit sogar kürzer als die lange Seite eines großen Schulheftes.*

## 35. Germanistik

*Ziemlich ulkig klingt dieses Wort. Man hört es im Alltag eher selten, obwohl sich die Germanistik mit etwas ganz Alltäglichem auseinandersetzt: mit der deutschen Sprache (→ SPRACHE). Als Germanistik bezeichnet man eine Wissenschaft, mit der sich Professoren und Studenten an Hochschulen ausführlich beschäftigen: Da geht es zum Beispiel darum, wie sich die Sprache im Laufe der Jahrhunderte entwickelt hat und wie sich die Dialekte bildeten. Aber die Germanisten schauen sich auch die Literatur (→ LITERATUR) genau an und versuchen sie ganz zu verstehen: Sie erklären zum Beispiel, warum man zu welcher Zeit über welche Themen und in welchem Sprachstil geschrieben hat.*

## 36. Gotik

*"Und hier sehen Sie einen gotischen Torbogen. Das erkennen Sie an der oben spitz zulaufenden Form. Er ist der älteste hier in der Gasse und auf das Jahr 1487 datiert", erklärt die Fremdenführerin bei einer Stadtführung.*

*"Was ist denn gotisch?", flüstert Nils Papa Nagbert zu. Der kennt sich mit Kunst und Kultur prima aus: "Als Gotik bezeichnet man eine Stilepoche. Das heißt, in der Kunst, in der Architektur (→ ARCHITEKTUR), aber zum Beispiel auch in der Mode (→ MODE) findet man Ähnlichkeiten, so genannte Stilmerkmale. Die Gotik folgt auf die Romanik (→ ROMANIK). Seit etwa dem Jahr 750 wollten die Menschen in Europa wieder so bauen, wie es in der Antike üblich war: Klar gegliederte, schnörkellose, wuchtige Gebäude entstanden. Die Tore und die wenigen Fenster hatten runde Bögen. Ab Mitte des 12. Jahrhunderts etwa begannen die Architekten, immer höher zu bauen: Vor allem Kirchen sollten dem Himmel näher kommen. Sie fanden heraus, dass man keine wuchtigen Mauern braucht, um ein großes Gebäude zu tragen: Die Baumeister haben Streben und Rippen eingebaut, die die Last des Deckengewölbes bis zum Boden ableiteten. So war es möglich, viele nach oben spitz zulaufende Fenster einzubauen. Alles wurde reich verziert. Etwa um 1500 endete die Zeit der Gotik."*

*Nils und Nagbert haben gar nicht bemerkt, dass die Fremdenführerin ganz still geworden ist und die gesamte Besuchergruppe Nagberts Erklärung gelauscht hat. "Daneben steht ein Haus, in dem noch wenige Reste einer Renaissance-Bebauung (→ RENAISSANCE) enthalten sind. Vielleicht mögen Sie ja auch gleich die Renaissance erklären?", meint sie, und Nils hat ein bisschen den Eindruck, dass sie ein wenig beleidigt geklungen hat …*

# 37. Historismus

*Wer durch eine Stadt geht, wird manchmal Viertel entdecken, die eigentlich noch gar nicht so alt sind, und in denen trotzdem Häuser stehen, die aussehen, als seien sie vor vielen hundert Jahren gebaut worden, weil sie Stilelemente zum Beispiel der Gotik (→ GOTIK), der Renaissance (→ RENAISSANCE) oder des Barock (→ BAROCK) besitzen. Manche der Häuser sind sogar scheinbar bunt aus verschiedenen Stilen zusammengewürfelt. Das liegt daran, dass es ab etwa 1860 modern war, vergangene, also historische Baustile nachzuahmen. Das nennt man Historismus.*

## 38. Intendant

*Dieser Titel klingt schon nach etwas Besonderem. Und tatsächlich hat ein Intendant eine große Aufgabe: Er ist nämlich der oberste Chef einer bestimmten Einrichtung: Leiter eines Theaters (→ THEATER), einer Oper (→ OPER), eines Balletthauses (oder aller drei Sparten zusammen), Leiter eines kulturellen Festspieles oder auch einer öffentlich-rechtlichen Rundfunkanstalt (zum Beispiel des Südwestfunks).*

*Der Intendant ist nicht nur verantwortlich dafür, dass die Verwaltung eines solchen Kulturbetriebes reibungslos funktioniert. Er trägt auch die künstlerische Verantwortung. Das heißt: Der Intendant entscheidet darüber, wie und was in „seinem" Haus auf die Bühne gebracht wird. Das beginnt damit, welche Schauspieler, Regisseure (→ REGISSEUR) und Musiker er beschäftigt und welches Programm er auswählt. Und er entscheidet auch, wie viel Geld für welchen Bereich ausgegeben wird. Bei manchen Stücken übernehmen Intendanten auch als Regisseure das Ruder, also als Chef der jeweiligen Aufführung, der zum Beispiel den Schauspielern Anweisungen gibt, wie sie ihre jeweilige Rolle genau spielen sollen.*

*Das Wort Intendant hat seinen Ursprung im Lateinischen und bedeutet so viel wie „sein Streben nach etwas richten", also sich mit voller Kraft einer Sache zu widmen. Zunächst gab es in Frankreich „Intendanten", das waren Aufseher oder Verwalter am Hof. Später wurde der Begriff auch beim Militär benutzt.*

## Jazz

*Diese Musik ist so vielfältig wie die Menschen, die sie machen. Denn wie kaum eine andere Musikrichtung ist sie so sehr von der Persönlichkeit des Musikers abhängig, dass sie praktisch nicht nachgemacht werden kann.*

*Um das zu verstehen, muss man ein bisschen zurückgehen zu den Ursprüngen des Jazz: In den USA entwickelte sich um die Wende vom 19. zum 20. Jahrhundert aus der traditionellen afrikanischen Musik von Afroamerikanern, deren Vorfahren als Sklaven nach Amerika verschleppt worden waren, und der in Amerika gängigen Musik europäischer Einwanderer eine ganz eigene Musikrichtung.*

*Die war spontan und lebendig, voller Schwung und Energie wie die Tänze Afrikas – und sie hielt sich doch in vielem an das, was europäische Komponisten für wichtig hielten. Zum Beispiel beim Rhythmus: Zwar verwendeten die Musiker die gleichen Gliederungen wie europäische Musiker, doch spielten sie sie mehr aus dem Bauch heraus als mit mathematischer Gründlichkeit. Die Musiker erfühlten den richtigen Zeitpunkt für den jeweiligen Ton – und damit war die Musik eben sehr von den Gefühlen desjenigen abhängig, der sie spielte. Der Jazz war geboren und eroberte fortan die Welt.*

# Jugendstil

**V**or mehr als 120 Jahren wollten einige Künstler die Schönheit der Kunst in den Alltag bringen: Alle Menschen sollten sich nicht nur mit nützlichen, sondern mit zugleich auch schönen Dingen umgeben. Der sogenannte Jugendstil (er wurde in Deutschland nach der Kunstzeitschrift „Die Jugend" benannt) sorgte dafür, dass Häuser samt ihrer Einrichtung bis ins Kleinste plötzlich hübsch verziert wurden – oft mit Blumen- oder Blätterranken und ähnlichen Formen, die die Künstler der Natur abschauten.

**Z**u dieser Zeit haben sich in Darmstadt einige Architekten und andere Künstler unter dem Schutz des Großherzogs Ernst Ludwig zusammengetan und wollten eine Art neue Stadt gründen, in der alles perfekt sein sollte. Dafür erbaten sie sich vom Herrscher ein Fleckchen Land: Ernst Ludwig stellte ihnen daraufhin einen Park zur Verfügung, der auf dem höchsten Hügel der Darmstädter Innenstadt liegt: die Mathildenhöhe (benannt nach der Adligen Mathilde Karoline Friederike von Wittelsbach). Ab dem Jahr 1900 bauten die Mitglieder der Künstlerkolonie hier ganz besondere Gebäude, die noch heute als Inbegriff des deutschen Jugendstils gelten. Besonders auffällig ist der sogenannte Hochzeitsturm, der wie eine Hand mit fünf Fingern in die Höhe ragt. Außerdem gibt es dort ein großes Ausstellungsgebäude, in dem bis heute wichtige Ausstellungen (➜ AUSSTELLUNG) stattfinden.

## 41. Kabarett

*Kabarett ist eine Art des Unterhaltungstheaters. Wenn ihr nun an „normale" Theaterstücke denkt, bei denen ein oder mehrere Schauspieler eine Geschichte vorspielen, liegt ihr ein bisschen falsch: Beim Kabarett werden gesellschaftliche oder politische Verhältnisse in Frage gestellt – allerdings mit viel Witz.*

*Im Kabarett kann man also oft über Sachen lachen, die genau genommen gar nicht so witzig sind. Gute Kabarettisten – so nennt man die Leute, die diesen Humor auf die Bühne bringen – dichten, singen oder spielen Sketche über Missstände und schaffen es, dem lachenden Publikum (→ PUBLIKUM) große Nachdenklichkeit mit auf den Heimweg zu geben. Sie haben etwas zu sagen, was die Leute eigentlich nicht gerne hörten, wenn es ganz sachlich vorgebracht würde: Meist geht es um menschliche Fehler wie Dummheit oder mangelnde Mitmenschlichkeit, die sich niemand selbst vorwerfen lassen möchte. Der Kabarettist hält seinen Mitmenschen und den Politikern den Spiegel vor. Das Wort Kabarett stammt vom französischen „cabaret", was so viel bedeutet wie „kleine Wirtschaft", in der einst auch ein buntes Unterhaltungsprogramm angeboten wurde. Vor knapp 130 Jahren wurden die ersten echten Kabaretts in Paris, später auch in Berlin gegründet.*

*Heute gibt es immer weniger Kabarettisten, denn viele Leute lachen offenbar lieber über einfachere Witze. Und so haben „Comedians" viele Bühnen übernommen, also Komiker, die das Politische eher ausblenden.*

## 42. Komödie

*Komödien gelten als die leichteren Stücke des Theaters (→ THEATER), die vor allem unterhalten sollen. Manchmal werden solche Stücke auch „Lustspiele" genannt. Kein Wunder: Sie sind nämlich oft wirklich zum Lachen, weil sie Menschen mit ihren Schwächen in den Mittelpunkt stellen und dabei nicht selten übertreiben. Als Zuschauer hat man dann die Möglichkeit, sich in den Figuren wiederzuerkennen oder auf sie herabzuschauen – was zwar auch vergnüglich sein kann, aber kein wirklich schönes Verhalten ist. Bei einer guten Komödie kann einem also auch das Lachen im Halse stecken bleiben, weil man plötzlich erkennt, was nicht so richtig läuft in der Welt. Komödien gibt es schon sehr lange: Sie gehen auf Festumzüge mit Gesang im antiken Griechenland zurück. Griechische und römische Dichter brachten sie dann ins Theater, wo sie sich im Laufe der Jahrhunderte zu den Bühnenstücken entwickelten, wie wir sie heute kennen.*

# 43. Komponist

*Habt ihr euch schon mal gefragt, warum man Musik als so angenehm empfinden kann oder warum sich die Töne und Melodien manchmal in eure Ohren schleichen und euch gar nicht mehr aus dem Kopf gehen wollen? Das liegt daran, dass Musik meist nicht einfach so entsteht, sondern wohlüberlegt nach bestimmten Regeln aus Tönen zusammengesetzt wird. Komponieren nennt man das. Das Wort kommt vom lateinischen „componere", was übersetzt unter anderem „zusammensetzen" oder „ordnen" heißt. Ein Komponist ist also jemand, der sich Musikstücke ausdenkt und niederschreibt. Dazu muss er sich natürlich gut mit der Musiklehre auskennen und zugleich eine große Vorstellungskraft davon haben, wie die Töne dann zum Beispiel in einem Orchester mit vielen verschiedenen Instrumenten und in vielen unterschiedlichen Stimmen zusammenklingen.*

## 44. Kulturhauptstadt

*Europa wächst zusammen: In der Europäischen Union haben sich inzwischen 27 Länder zusammengeschlossen. Und so groß wie die Zahl der Mitgliedsstaaten ist, so vielfältig sind auch das Leben und die Kultur in den einzelnen Ländern. Damit diese Vielfalt bewahrt und bekannt wird, hat der europäische Ministerrat 1985 die Aktion „Kulturstadt Europas" ins Leben gerufen. Seither stellt sich jedes Jahr mindestens eine europäische Stadt mit einem besonderen Veranstaltungsprogramm vor: Ausstellungen und Konzerte, Theater (→ THEATER) und Lesungen (→ LESUNG) sollen die Besonderheiten der jeweiligen Stadt zeigen. Aber auch Künstler aus anderen EU-Staaten sind üblicherweise als Gäste daran beteiligt. 1999 wurde die Aktion, die nach dem Willen der Gründer zur „Annäherung der europäischen Völker" beitragen soll, in „Kulturhauptstadt Europas" umbenannt.*

## 45. Lesung

*Wart ihr schon mal bei einer Autorenlesung? Oft organisieren Büchereien oder Buchhandlungen solche Veranstaltungen, bei denen Schriftsteller Teile aus ihren Büchern vorlesen. Damit unterhalten sie nicht nur ihr Publikum (→ PUBLIKUM), sondern machen natürlich auch Werbung für sich und ihre Werke. Oft ist eine solche Lesung deswegen so interessant, weil der Autor (→ AUTOR) die Geschichte ja so vorliest, wie er sie selbst fühlt: Mit seiner Stimme gibt er den Personen und Situationen genau die Stimmung, die er sich hierfür beim Schreiben gedacht hat. Und das kann ganz anders sein, als man es sich selbst beim eigenen Lesen in der Fantasie vorgestellt hat.*

# 46. Leinwand

*Ölgemälde werden üblicherweise auf Leinwände gemalt. Sie bestehen aus einem Stück Stoff – ursprünglich Leinen- oder Hanfgewebe –, das auf einen Holzrahmen gespannt wird. Leinwände haben als Maluntergrund den wesentlichen Vorteil, dass sie nicht so schwer sind wie zum Beispiel Holzplatten, auf die in der frühen Kunst oft gemalt wurde. Dank dieser Eigenschaft konnten Maler nun auch viel leichter direkt in der Natur malen. So entstand auch eine besondere Form der bildenden Kunst: die Freiluftmalerei.*

## 47. Libretto

*Ein Libretto ist nichts weiter als der Text einer Oper (→ OPER). Nun könnte man das einfach Operntext nennen. Aber wie so vieles, was mit dem Musiktheater zu tun hat, kommt das Wort aus dem Italienischen. „Libretto" heißt übersetzt „Büchlein". „Büchlein" deswegen, weil der Operntext nicht zu lange sein darf. Das hat einen bestimmten Grund: Wenn man ein Lied singt, braucht man viel länger für den gleichen Text, als wenn man ihn normal spricht. Meist ist es so, dass sich ein Librettist (so nennt man denjenigen, der den Operntext schreibt) und ein Komponist (also der, der die Musik dazu erfindet) zusammentun und gemeinsam überlegen, welche Geschichte sie darstellen möchten. Beide bringen dann ihre Ideen ein und machen ein Gesamtkunstwerk daraus.*

# 48. Literatur

*Das ist ein ganz schön schwieriger Begriff: Denn selbst die Wissenschaftler sind sich nicht immer ganz einig, was eigentlich alles zur Literatur gehört. Deswegen wird das Wort Literatur sehr weit gefasst: Man bezeichnet damit praktisch alles, was mündlich oder schriftlich in bestimmten Sprachformen festgehalten wird. Also ganz langsam: Wenn du dir ein Gedicht ausdenkst, das ein bestimmtes Versmaß (→ VERS) und einen Rhythmus hat, zählt es zur Literatur. Dabei ist es unerheblich, ob du es aufschreibst oder nur aufsagst. Je nachdem, ob es nun sehr kunstvoll und klug oder eher einfach ist, bezeichnet man es als hohe Literatur oder als Trivialliteratur („trivial" heißt so viel wie „jedermann zugänglich" oder „einfach zu verstehen").*

*Zur Literatur zählen unter anderem alle gedruckten Bücher, Hefte und Blätter: vom mehrteiligen Roman (→ ROMAN) über Musiknoten (→ NOTEN) bis hin zum Fachbuch für Naturwissenschaftler. Bei Letzterem liegt sogar der Ursprung der Literatur: Früher bezeichnete man nämlich nur bedeutsame, wissenschaftliche Schriften mit dem lateinischen Wort „litterae". Das ist die Mehrzahl von „littera", dem „Buchstaben". Weil man in der Antike (→ ANTIKE) vornehmlich wichtige Dinge aufschrieb, bezeichnete man damals vor allem Dokumente und Briefe mit „litterae". Da man mit solchen Schriftstücken Wissen weitergeben konnte, wurde der Begriff allmählich auch für „Gelehrsamkeit" und „Wissenschaft" verwendet.*

*Erst in den vergangenen Jahrhunderten begannen sich nicht nur Gelehrte mit dem geschriebenen Wort zu beschäftigen – viele interessierten sich dafür, um sich weiterzubilden oder sich zu unterhalten. So entstanden die vielen Literaturgattungen, aus denen wir heute auswählen können.*

## 49. Lyrik

*Jetzt wird's musikalisch, auch wenn es sich bei der Lyrik um eine sogenannte literarische (also schriftstellerische) Gattung handelt. Denn der Begriff geht auf die Lyra zurück. Die Lyra ist ein uraltes Saiteninstrument, das man oft auf antiken Bildern – besonders aus Griechenland – sieht. Sie ist eine Vorgängerin der Harfe, und die Lyra-Spieler sangen zu ihren Melodien die unterschiedlichsten Lieder – vom Liebeslied bis zur gesungenen Nachricht. Damit das gut klang, mussten die Texte natürlich zum Rhythmus und zu den Tönen der Musik passen – sie waren ebenso komponiert (➜ KOMPONIST) wie die Musik. Das Dichten dieser Lieder war eine eigene Kunst, aus der die Lyrik hervorging, die Sprachkunst, die heute vor allem das Schaffen von Gedichten meint.*

# 50. Manuskript

*Genau genommen hat jeder von euch schon etliche Manuskripte verfasst – zum Beispiel Aufsätze für die Schule, kleine Gedichte zum Muttertag oder einen Brief an den Opa. Vor allem, wenn ihr das nicht am Computer, sondern mit dem Füller, Kugelschreiber oder Bleistift gemacht habt, bezeichnet man das Schreiben als Manuskript. Denn ein Manuskript ist in seinem eigentlichen Sinne nichts anderes als eine „Handschrift". Das Wort kommt nämlich aus dem Lateinischen: „manu scriptum" heißt „von Hand Geschriebenes". Der Begriff wurde jahrhundertelang für alle möglichen Schriftstücke verwendet, die nicht gedruckt waren: für handgeschriebene Bücher genauso wie für Briefe. Heute wird der Begriff nicht mehr so wörtlich genommen: Seit der Erfindung des Buchdrucks bezeichnet man beispielsweise die vom Autor (→ AUTOR) verfassten Texte, die dann von Verlagen (→ VERLAG) als gedruckte Bücher herausgegeben werden, grundsätzlich als Manuskripte, selbst wenn sie auf der Schreibmaschine oder dem Computer getippt wurden. Aber genau genommen nimmt man zum Tippen ja auch die Hände ...*

# 51. Maskenbildner

*Ihr glaubt genau zu wissen, wie euer Lieblingsschauspieler aussieht? Schließlich habt ihr ihn ja schon oft genug im Fernsehen gesehen. Von wegen! Jeder, der auf die Bühne tritt, hat sich vorher extra zurechtmachen lassen: Mit viel Schminke und allerlei anderen Hilfsmitteln hat er sein Gesicht verändert. Sich vielleicht ein bisschen hübscher machen lassen. Oder ein bisschen verwegener. Oder ein bisschen trauriger. Jünger. Älter. Blasser. Brauner. Er verbirgt sein wahres Ich hinter einer Maske.*

*Maskenbildner sind Profis darin, Menschen so zu schminken, dass sie auf der Bühne genau so aussehen, wie sie aussehen möchten. Sie verschönern die Menschen nicht nur, sondern schaffen sogar ganz eigene Figuren: Aus einer jungen Schauspielerin kann so eine hässliche Hexe werden, aus einem Menschen ein scheinbar echtes Monster. Ein Maskenbildner ist also jemand, der als Friseur mit Haaren umgehen kann, der Gesichter schminken kann und der zugleich wie ein Künstler aus verschiedensten Materialien Masken herstellt. Ganz nebenbei sind Maskenbildner oft auch verständnisvolle Zuhörer, wenn die Stars vor ihrem Auftritt im Fernsehen, beim Film oder auf der Theaterbühne noch ein paar Sorgen oder ihren Ärger loswerden möchten.*

## 52. Matinee

*Für Langschläfer ist eine Matinee nichts: Sie findet nämlich grundsätzlich am Morgen oder am Vormittag statt. Das verrät auch schon ihr Name. Denn „Matinee" ist ein Wort aus dem Französischen und heißt übersetzt „Morgenzeit".*

*Sie ist nichts anderes als eine Kulturveranstaltung in der Frühe. Das kann im Prinzip all das sein, was es auch am Abend gibt: Konzerte, Theateraufführungen oder Filmvorführungen. Besonders viele Matineen finden im Januar statt: Neujahrskonzerte sind klassische Morgenveranstaltungen.*

## 53. Mäzen

*Oft bleiben sie im Hintergrund, möchten nicht in die Öffentlichkeit. Und doch sind Mäzene nichts Schlimmes. Denn sie sind Förderer von Leuten oder Einrichtungen, die dringend Geld oder andere Hilfe brauchen. Mäzene tun das in aller Regel uneigennützig – im Gegensatz zu sogenannten Sponsoren, die Sportler und Künstler fördern, um für sich selbst oder ihr Unternehmen zu werben. Mäzene finden einfach die Sache, die jemand tut, oder die Person so toll und wichtig, dass sie gerne etwas dafür ausgeben. Normalerweise verfügen Mäzene über so viel Geld, dass es ihnen nicht weh tut, etwas davon abzugeben. Vor allem kulturelle Einrichtungen wie Museen und Theater (➔ THEATER), Künstler, aber auch Wissenschaftler und Hochschulen werden von Mäzenen gefördert. Der Begriff „Mäzen" geht auf den Namen eines Römers zurück: Gaius Maecenas lebte im 1. Jahrhundert vor Christus und unterstützte unter anderem die berühmten Dichter Horaz und Vergil, deren Werke noch heute im Lateinunterricht gelesen werden.*

## 54. Medien

*Zeitungen und Zeitschriften, Hörfunk und Fernsehen, Bücher, CDs und das Internet sind die verbreitetsten Medien. Sie haben eines gemeinsam: Sie vermitteln Nachrichten, Bilder und Informationen mit Hilfe von Bild und Ton. Ein Medium ist also immer ein Hilfsmittel, um etwas zu verbreiten. Das lateinische Wort „medium" heißt übersetzt „Mitte". Ein Medium steht also zwischen dem, der etwas vermitteln möchte, und demjenigen, der etwas erfahren möchte.*

## 55. Mode

*„Hahaha!" Nessy schüttelt sich vor Lachen. Sie hat ein altes Fotoalbum entdeckt. Die Bilder zeigen Mutter Naglinde in etwa dem gleichen Alter, in dem Nessy jetzt ist: „Wie habt ihr denn ausgesehen?", prustet Nessy und kommentiert weiter: „Die Frisuren mit Dauerwelle und Stirnband und diese Klamotten – das geht ja gar nicht!" Naglinde schaut ihrer Tochter über die Schulter und muss auch breit grinsen: „Du hast recht. Das sieht echt schlimm aus. Aber damals waren wir die coolsten Mädels in der Klasse. Das war total in Mode. Aber so ist das: Die Mode gibt eben immer nur für einen gewissen Zeitraum vor, was den meisten Menschen in einem bestimmten Kulturkreis gefällt. Die Mode verändert sich ständig. Das hat viele Gründe. Der wichtigste ist wohl, dass es immer Leute gibt, die sich von den anderen unterscheiden möchten und deshalb mit ihrer Kleidung, ihrer Wohnungseinrichtung, ihren Beschäftigungen, ihrer Lieblingsmusik – kurz: mit ihrem ganzen Lebensstil – neue Wege gehen. Das finden dann andere toll und ahmen es nach, erst wenige Leute, dann viele. Etwas ist Mode geworden. Allerhöchste Zeit, wieder einen neuen Stil zu entwickeln. Das freut natürlich die Industrie: Denn mit jedem neuen Modetrend können sie wieder neue Sachen verkaufen. Deswegen versuchen sie auch selbst, zum Beispiel mit Werbung, neue Modewellen loszutreten.*

## 56. Moderne

*Wenn etwas als modern bezeichnet wird, soll das heißen, dass es zeitgemäß ist: moderne Kleidung, moderne Ideen, moderne Technik zum Beispiel. Modern ist etwas, was sich vom Bisherigen, vom Althergebrachten gelöst hat, etwas, womit neue Wege beschritten werden. Deswegen ist der Begriff der Moderne schwer in einen festen Zeitraum zu fassen. Vor allem im Bereich der Bildenden Kunst und der Literatur (→ LITERATUR) aber werden meist etwa die ersten Jahrzehnte des 20. Jahrhunderts als Moderne bezeichnet. Die Künstler und Schriftsteller dieser Zeit haben in auffallender Art die bisherigen Regeln ihrer Künste gebrochen und zu ganz vielen, sehr unterschiedlichen Stilen gefunden, die für uns heute gar nicht mehr so modern wirken, wie zum Beispiel der Expressionismus (→ EXPRESSIONISMUS).*

## 57. Nibelungenlied

*Gesungen wird dieses Lied nicht, denn es ist kein „Lied", wie wir es kennen. Es ist eine Dichtung, eine Heldensage in Versform (→ VERS). Und das Nibelungenlied ist uralt: Schon aus dem 13. Jahrhundert stammen die ersten Handschriften. Verfasst wurde es in mittelhochdeutscher Sprache (→ SPRACHE), aus der unser heutiges Deutsch hervorgegangen ist. Doch im Laufe der Jahrhunderte veränderte sich die Sprache: „liet" hatte damals etwa die Bedeutung von „Dichtung". Wie der Titel sagt, beinhaltet dieses Werk die Sage um die Nibelungen, ein Volk fränkischen Ursprungs. Es handelt von Helden und Edelfrauen, von Liebe und Eifersucht, von Machtgier und Freundschaft – und ein Schauplatz des Geschehens soll auch Worms am Rhein gewesen sein.*

# 58. Noten

*Nein, ihr braucht nicht sofort weiterzublättern! Hier geht's nicht um Schulnoten, auch wenn die Begriffe gleich sind und auch die gleiche Herkunft haben: Die Schulnoten und die Noten in der Musik haben ihren Ursprung im lateinischen „nota". Das heißt übersetzt unter anderem „Zeichen", „Schriftzeichen" und „Merkmal". Und Noten in der Musik sind nichts weiter als Zeichen, mit Hilfe derer man Musik aufschreiben kann. An einer Note kann man die Merkmale eines jeden einzelnen Tones ablesen: welche Höhe er hat oder wie lange man ihn singen oder auf einem Instrument spielen soll. Man kann vereinfacht sagen, dass Noten so etwas wie die Buchstaben der Musik sind. Noten bestehen immer aus einem ovalen „Notenkopf", je nach Tonlänge zusätzlich aus einem senkrechten Strich (dem „Hals") und eventuell „Fähnchen".*

## 59. Objekt

*Ein Objekt ist zunächst einmal ein Gegenstand, eine Sache. Allerdings bezeichnet man eine Sache üblicherweise erst dann als Objekt, wenn man ihr eine gewisse Aufmerksamkeit schenkt. Objekte gibt es also in allen Lebensbereichen. In der Grammatik habt ihr das Objekt als Satzteil vielleicht schon kennengelernt: In dem Satz „Du isst ein Eis" ist das Eis das Objekt.*

*Sogar in einer Kunstgattung spielen Objekte die Hauptrolle: Als Objektkunst wird bezeichnet, wenn ein Künstler einen oder mehrere Gegenstände aus ihrem üblichen Zusammenhang löst und zu einem Kunstwerk erklärt. So schenkt er dem Objekt selbst Aufmerksamkeit, veranlasst aber auch die Betrachter dazu, sich damit auseinanderzusetzen.*

## 60. Oper

*Oper – wie das klingt! Schon wenn man es ausspricht, macht man eine spitze Schnute. Langweilig klingt das. Nach älteren, parfümierten Leuten in feinen Anzügen und Kleidern, die mit einem Fernglas auf die Bühne starren. Falsch!*

*Oper ist eigentlich genau das Gegenteil von langweilig, denn sie verbindet alle darstellerischen und technischen Möglichkeiten, die ein Theater (→ THEATER) bietet, um eine abwechslungsreiche Vorstellung auf die Bühne zu bringen: In einer Oper steckt nämlich neben dem gedichteten Stück (dem sogenannten Libretto → LIBRETTO), natürlich die Musik, aber auch die Schauspielkunst, die Kunst der Kostüm-, Masken- und Bühnenbildner sowie die der Beleuchter. Schon die alten Griechen wussten, dass sie Zuschauer im Theater viel besser unterhalten und ihre Geschichten viel einprägsamer erzählen konnten, wenn sie möglichst viele Sinne ansprachen: Da wurden nicht nur Texte vorgetragen, es gab auch Masken zu sehen, und ein Chor sang wichtige Teile des Stückes. Im 16. Jahrhundert fanden einige gelehrte Leute, darunter Dichter und Musiker in Venedig, dass man diese antike Aufführungsart wiederbeleben sollte. Gewünscht waren kunstvoll geschaffene Stücke, die den Geist herausfordern und Augen und Ohren ansprechen sollten.*

*Jacopo Peri komponierte 1597 das erste Stück, das diese Anforderungen berücksichtigte. Die Oper war geboren, auch wenn sie noch nicht so hieß. Denn der Begriff „opera in musica" wurde erst 1639 zum ersten Mal benutzt. Er kommt aus dem Italienischen und bedeutet „musikalisches Werk".*

# 61. Operette

*Dass es sich bei der Operette um eine bestimmte Form des Musiktheaters handelt, sieht man dem Begriff direkt an: Denn darin steckt ja der Begriff der Oper (→ OPER). Die Operette ist eigentlich die kleine Schwester der Oper, denn der Zusatz „ette" ist eine französische Verkleinerung.*

*Ursprünglich war mit Operette tatsächlich eine „Kleine Oper" gemeint. Mal, weil sie insgesamt kürzer war. Mal, weil sie mit weniger Darstellern auskam. Mal, weil sie sich mit weniger bedeutsamen Themen beschäftigte. Vor allem der letzte Punkt sorgte dafür, dass die Operette von den Adligen und Gelehrten eher gering geschätzt wurde. So wurde die Operette Mitte des 19. Jahrhunderts sozusagen zur Oper der kleinen Leute.*

*In der Operette geht es zumeist lustiger und lebhafter zu, viel offenherziger und oft auch ziemlich frech. Während die Oper – sieht man von den komischen Opern ab – also eher mit der Tragödie vergleichbar ist (also dem sehr ernsthaften Theater, das sich zumeist um Heldenschicksale dreht), hat die Operette ihr Schauspiel-Gegenstück eher in der Komödie (→ Komödie), dem Lustspiel also. Im Unterschied zu vielen Opern wird in der Operette außerdem auch noch gesprochen, nicht nur gesungen. Gerade in diesen sogenannten Dialogen entfaltet sich oft der Witz einer Operette.*

# 62. Orgel

*"Die stehen da wie die Orgelpfeifen!"* Möglicherweise habt ihr diesen Ausspruch auch schon mal gehört, wenn eine Gruppe verschieden großer Kinder beieinander stand. Tatsächlich sind die sorgsam nach ihrer Länge sortierten Orgelpfeifen das auffälligste Merkmal einer großen Orgel. Jede dieser Pfeifen erzeugt einen eigenen Ton. Das könnt ihr euch in einer Kirche ansehen und anhören. Denn die Orgel ist das bedeutendste Kircheninstrument. Das hängt damit zusammen, dass die Orgel so viele verschiedene Klänge hervorbringen kann. Damit ist es also auch möglich, ganz unterschiedliche Stimmungen zu erzeugen – von leisen, nachdenklichen und traurigen Liedern bis hin zu lauten, majestätischen Jubelklängen lässt sich alles ausdrücken.

*Eine mechanische Orgel ist ein sehr kompliziertes Instrument, das über Tasten und Pedale gespielt wird.* Der Organist, so nennt man den Orgelspieler, steuert damit einen Luftstrom, den sogenannten Orgelwind. Der Luftstrom wird heute meist mit einer elektrischen Pumpe ins Instrument geblasen. Früher mussten das Helfer mit Blasebalgen übernehmen. Je nachdem, welche Taste oder welches Pedal der Organist drückt, wird der Luftstrom schließlich zu bestimmten Pfeifen gelenkt. Das ist so, wie wenn ihr in eine kleine Pfeife oder Flöte pustet. Weil hier aber verschiedene Pfeifen gleichzeitig angespielt werden können, klingen die Lieder fast so, als wäre ein ganzes Orchester im Raum. Große Orgeln haben natürlich nicht überall Platz. Deshalb werden auch kleinere Modelle für den Hausgebrauch hergestellt. Seit etwa den 1930er Jahren werden elektronische Orgeln gebaut, die ganz ohne Pfeifen auskommen, weil die Töne mit Hilfe elektrischen Stroms erzeugt werden.

# 63. Philharmonie

*Habt ihr schon mal im Radio einen Sender erwischt, bei dem statt der Musik aus den aktuellen Hitlisten ganz andere Töne zu hören waren: Geigen (→ GEIGE) und Trompeten, Kontrabässe und Oboen, Harfe und Fagott? Dann habt ihr wahrscheinlich ein klassisches Orchester gehört: eine Philharmonie. Das Wort kommt aus dem Griechischen und bedeutet übersetzt so viel wie „Liebe zur Harmonie".*

*Seit dem 19. Jahrhundert gibt es philharmonische Orchester. Bis dahin wurden große Konzerte vor allem an Adelshöfen aufgeführt. Doch weil auch die Bürger das Bedürfnis hatten, solche Konzerte zu hören, wurden immer mehr Konzertgesellschaften gegründet, die solche Musik auch den nicht-adligen Menschen zugänglich machten. Für diese Orchester wurden vor allem in den Großstädten eigene Konzerthäuser gebaut, die ebenfalls als Philharmonie bezeichnet werden.*

*In Ludwigshafen, mitten in der Stadt und ganz in der Nähe des Pfalzbaus, ist übrigens die Deutsche Staatsphilharmonie Rheinland-Pfalz zu Hause. Dieses Orchester bietet neben den üblichen Aufführungen für Erwachsene auch ein eigenes Kinderprogramm an.*

# 64. Philosophie

*Auch wenn ihr es nicht glauben mögt: Im Grunde haben Kinder die besten Voraussetzungen, gute Philosophen zu sein. Denn der Begriff „Philosophie", der aus dem Griechischen stammt, bedeutet nichts weiter als „Liebe zur Weisheit". Und um Weisheit zu erlangen, muss man zuerst einmal viel und unbefangen fragen, auch wenn andere Leute die eigenen Fragen vielleicht für unsinnig, abwegig oder auch einfach nur für blöd halten.*

*Tatsächlich befasst sich die Philosophie – anders als zum Beispiel Naturwissenschaften wie Chemie oder Physik – vor allem mit Fragen zu Dingen, die man nicht greifbar beweisen kann. Philosophen hinterfragen alle Dinge nach ihren tieferen Ursachen, nach Gut und Böse und danach, ob es die Welt, wie wir sie wahrnehmen, tatsächlich gibt – oder ob manches bloß eine Einbildung der Menschen ist. Anders als die Religionen versucht die Philosophie, die Welt nicht mit Glauben zu erklären, sondern mit der Vernunft.*

*Im antiken Griechenland steht die Wiege der modernen Philosophie: Was die Denker damals niedergeschrieben haben, bietet Philosophen auch heute noch eine Menge Diskussions- und Denkanregung.*

## 65. Pinakothek

*Ihr ahnt es schon: Dieser Begriff hat wie praktisch alle Fremdworte, in denen ein „-thek" steckt, seinen Ursprung im Griechischen. Und tatsächlich ist es das Wort für einen Raum, in dem Gemälde aufbewahrt und auch gezeigt werden. So wie eine Bibliothek ein Büchersaal ist, ist eine Pinakothek ein Bildersaal.*

*Auch wenn der Begriff schon alt ist und in viele Sprachen (→ SPRACHE) übernommen wurde, hat er sich bei uns nicht so recht durchgesetzt: Meistens werden hierzulande Gemäldesammlungen als Galerien oder Kunstmuseen bezeichnet. So gibt es in Deutschland eigentlich nur drei bedeutende Gemäldesammlungen, die sich Pinakotheken nennen: die Alte Pinakothek, die Neue Pinakothek und die Pinakothek der Moderne. Alle drei Häuser stehen in München und zeigen herausragende Bilder vom Mittelalter bis heute. Praktisch ist, dass sie ganz nah beieinander gebaut sind: Wer mag, kann also in einem Rutsch eine richtige Kunstzeitreise machen.*

## 66. Poesie

*„Lebe glücklich, lebe froh, wie der Mops im Haferstroh" – Wer ein Poesiealbum hat, findet bestimmt auch diesen Spruch irgendwo auf einer Eintragseite. Ob dieser Reim nun als Poesie gelten darf? Na ja, er reimt sich, ist also nach bestimmten dichterischen Regeln geschaffen worden. Das ist ein wesentliches Merkmal, woran Poesie jahrhundertelang gemessen wurde. Lange galt nämlich jedes gedichtete Werk als Poesie. Denn der Ausdruck kommt aus dem Griechischen und bedeutet „Erschaffung", in diesem Falle das bewusste Erschaffen, das Dichten eines Textes. Später wurde der Begriff der Poesie nur noch für sogenannte lyrische Texte (→ LYRIK) benutzt. Und man verband ein besonderes Lebensgefühl damit: Poesie beschrieb etwas Weiches, Wohliges, Sanftes. So verwendet man das Wort heute nicht mehr nur für schriftstellerische Werke, sondern auch in anderen Zusammenhängen: Ein besonders zauberhafter Moment wird schon mal als „Poesie des Augenblickes" bezeichnet, ein poetischer Film erzählt warmherzig, aber nicht kitschig.*

*__U__nd schon wären wir wieder beim Mops im Haferstroh: Der Schreiber dieser Zeilen wünscht dem Besitzer des Albums von Herzen und mit einer ordentlichen Portion Humor ein glückliches, fröhliches Leben – und das, ohne schnulzige und triefende Kitschworte zu gebrauchen. Also: Dieser Spruch hat durchaus seinen Platz im Poesiealbum verdient ...*

# Pointillismus

*Nehmt doch mal eine Lupe und betrachtet euch ein gedrucktes Farbbild ganz genau. Da werdet ihr entdecken, dass es aus ganz vielen einzelnen Farbpunkten besteht. Schon beim normalen Betrachten vermischen sie sich für unser Auge und Gehirn in die unterschiedlichsten Farbtöne: Liegen zum Beispiel blaue und gelbe Punkte dicht beieinander, wirkt das grün. Dass man Bilder und ihre Farben so aus vielen, vielen Punkten zusammensetzen kann, hat den französischen Maler Georges Seurat vor etwa 130 Jahren zu einer neuen Maltechnik gebracht: dem Pointillismus. Übersetzt heißt das etwa „Punktierstil". Die Farben mischte er nicht auf der Palette, sondern er brachte sie in reiner Form auf, so dass die Farbmischung erst im Auge des Betrachters erfolgte. Also, ran an die Stifte: Punkt, Punkt, Komma, Strich ...*

# 68. Porträt

*I*n eurem Fotoalbum findet sich sicher ein Porträt von euch, wichtige Politiker lassen sich porträtieren und manchmal schreiben wir Journalisten auch Porträts von besonderen Menschen. Ein Porträt ist das Abbild eines Menschen. Und das kann man natürlich malen, fotografieren oder auch mit Worten beschreiben. Ein Porträt gibt aber eben nicht allein jemandes Aussehen wieder, sondern sagt auch etwas darüber aus, wie der Mensch selbst ist: zum Beispiel, ob es sich um einen ernsten oder fröhlichen, einen eher zarten oder derben Menschen handelt. Porträts dienen heute vor allem der Wiedererkennung und dem Erinnern.

*M*odern wurden Porträts nach dem Mittelalter: Nachdem sich die Kunst über viele Jahrhunderte vor allem mit religiösen Themen beschäftigt hatte, begannen die Menschen nach dem 13. Jahrhundert, ihren Blick wieder auf sich selbst zu richten. Nun malten die Künstler plötzlich nicht mehr nur Heilige, sondern auch ganz „normale" Leute. Oder besser gesagt: fast normale Leute. Nämlich solche, die reich genug waren, ein Porträt bei einem Maler in Auftrag zu geben.

## 69. Prosa

*Alles, was ihr bisher in diesem Buch gelesen habt, ist Prosa. Überhaupt begegnet euch Prosa überall: in Abenteuergeschichten, in Schulbüchern, in der Gebrauchsanleitung für euer Handy. Denn als Prosa werden Texte bezeichnet, die nicht in Verse (→ VERS) gebunden sind, also alle Texte, die nicht zur Lyrik (→ LYRIK) zählen. Die Prosa entspricht viel eher der freien Rede als die Lyrik, sie ist viel direkter. Dennoch: Schriftsteller komponieren auch ihre Prosatexte sehr wohl durch, denken über Satzstellung, Stilmittel und den Aufbau ihres Werkes nach, auch wenn das nicht so deutlich auffällt wie zum Beispiel bei einem Gedicht.*

# 70. Publikum

*Ach, wie gebildet klingt es doch, wenn man statt der gewöhnlichen Bezeichnung ein Fremdwort benutzt! „Publikum" ist auch so ein Begriff. Eigentlich versteckt sich dahinter etwas ganz Einfaches: die Zuschauer oder die Zuhörer. Dieses Fremdwort kommt aus dem Lateinischen: „publicus" bedeutet unter anderem „öffentlich", „publicum" ist das Substantiv (noch was Lateinisches: Haupt- oder Namenwort) dazu und bezeichnet unter anderem „die Öffentlichkeit".*

# 71. Quelle

*Manche Quellen sprudeln üppig, andere sind nur ein Rinnsal. Auch in der Wissenschaft und der Kultur spricht man von Quellen: Als Quelle gilt etwas, von dem man etwas erhält oder erfährt. Das können Gegenstände aus der Vergangenheit sein, die Wissenschaftlern helfen, die Geschichte besser zu erforschen: eine alte Pfeilspitze genauso wie ein königlicher Brief zum Beispiel. Auch das Internet kann eine Quelle sein: Wenn ihr dort beispielsweise für ein Referat zu einem bestimmten Thema Informationen oder Bilder hernehmt, wird es für euch zur Quelle.*

*Ganz wichtig: Man muss versuchen einzuschätzen, wie zuverlässig eine Quelle ist und wie die Informationen zu werten sind. Und wenn man ehrlich ist und ernst genommen werden möchte, sollte man seine Quellen auch nennen. Sonst schmückt man sich nämlich nicht nur mit fremden Federn, sondern läuft auch Gefahr, dass Fehler, die eigentlich aus der Quelle stammen, einem selbst zugeschrieben werden.*

## 72. Regisseur

*Regierung, regieren, Regisseur – jedes dieser Worte hat den gleichen lateinischen Ursprung: „regere" bedeutet so viel wie „lenken" oder „leiten". Genau das tut ein Regisseur: Er leitet ein Schauspiel, eine Opernaufführung, eine Film- oder Hörspielproduktion.*

*In Einzelheiten unterscheiden sich die Tätigkeiten der Regisseure: Ein Hörspielregisseur muss seinem Publikum (→ PUBLIKUM) seine Botschaft mit anderen Mitteln nahebringen als der Regisseur eines Kinofilms. Aber im Grunde haben alle die gleiche Aufgabe: Sie entscheiden, wie welches Stück auf die Bühne gebracht wird. Der Theaterregisseur beispielsweise bestimmt, ob ein Stück, das schon zwei-, dreihundert Jahre alt ist, ganz altmodisch aufgeführt werden soll oder ganz modern. Er sagt den Schauspielern, wie sie ihre jeweilige Rolle zu spielen haben. Zugleich gibt er aber auch den Beleuchtern Anweisungen, wie das Licht eingesetzt werden soll. Und er entscheidet zusammen mit dem Bühnenbildner darüber, wie das Bühnenbild aussieht. Oft kann der Regisseur sich seine Schauspieler selbst aussuchen, damit sie genau seinen Vorstellungen entsprechen. Der Regisseur macht aus einer Vorlage ein neues Kunstwerk, das seine ganz persönliche Handschrift trägt.*

## 73. Relief

*Wie macht man Bilder „begreifbarer", räumlicher? Ganz einfach: Man lässt sie aus ihrer glatten Oberfläche ragen. Ein Relief (das spricht man etwa: „Reljeff") ist ein Bild, das aus einer Fläche herausragt oder in eine Fläche hineingearbeitet wurde. Meistens werden Reliefs in Stein gemeißelt, in Holz geschnitzt oder in Metall geprägt oder aus Metall beziehungsweise Gips gegossen. Vor allem in der römischen und griechischen Antike (→ ANTIKE) war das Relief sehr beliebt.*

# 74. Renaissance

*Dieses französische Wort bezeichnet einen kunstgeschichtlichen Zeitraum, in dem alle Kunstwerke gewisse Gemeinsamkeiten haben. Übersetzt heißt er „Wiedergeburt". Gemeint ist die Wiedergeburt bestimmter Werte in der Kunst, der Literatur und in der Wissenschaft – und zwar derjenigen des antiken Griechenland und Roms. Damals, also bis etwa um 400 nach Christus, waren die schönen Künste und die Wissenschaft sehr wichtig. Danach verloren die Errungenschaften dieser beiden Kulturen ihre Bedeutung in Europa. Das Mittelalter begann. Die meisten Menschen hatten schlicht andere Sorgen, als sich um schöne Dinge und Bildung zu kümmern. Sie richteten ihren Blick mehr auf das Leben nach dem Tod.*

*Nach dem 13. Jahrhundert änderte sich das allmählich: Man lebte wieder mehr im Hier und Jetzt. Viele Leute erkannten, dass sie selbst Dinge gestalten und die Welt verstehen konnten. Der Mensch rückte wieder in den Mittelpunkt der Kunst: Man malte Porträts (→ PORTRÄT) und schuf Skulpturen (→ SKULPTUR) möglichst naturgetreu. Als Vorbild nahmen sich die Maler und Bildhauer, die Schriftsteller und Architekten (→ ARCHITEKTUR) die antiken Künstler, die ihrer Ansicht nach perfekte Werke geschaffen hatten. Mit genauen Jahreszahlen kann man die Renaissance schwer eingrenzen: Üblicherweise werden das 15. und 16. Jahrhundert als Renaissance-Zeitalter bezeichnet.*

## 75. Rezension

*Jeden Tag findet ihr in der Zeitung Rezensionen, vor allem auf der Kulturseite. Eine Rezension ist eine Kritik, eine fachmännische Einschätzung eines kulturellen Ereignisses, eines Filmes oder eines Buches. Die gibt es allerdings nicht nur bei der Zeitung, sondern auch in allen anderen Medien (→ MEDIEN).*

*Für eine Rezension muss sich der Journalist natürlich gut auskennen: Wenn er in ein Konzert geht, muss er nicht nur die Musik kennen, sondern auch hören, ob alle die richtigen Töne und das passende Tempo treffen und ob es gelingt, eine besondere Stimmung zu erzeugen. Er muss die Fachbegriffe kennen und einschätzen können, ob dieses Konzert im Vergleich zu anderen besser oder schlechter war. Soll ein Journalist einen Film besprechen, muss er Ahnung von Schauspielerei, Regie und Kameraführung haben. Ein Buchrezensent (also einer, der ein Buch bespricht) muss sich mit Literatur (→ LITERATUR) auskennen und das Buch deuten können. Nur mit Fachwissen kann man etwas glaubhaft einordnen.*

*Eine Rezension wird immer für den Leser der Rezension geschrieben, nicht für diejenigen, die das rezensierte Werk geschaffen haben. Ist eine Aufführung, ein Film oder ein Buch völlig misslungen, nennt man die schlechte Rezension auch „Verriss". Gerade ein „Verriss" erfordert vom Journalisten, ganz genau und sachlich zu erklären, was denn so schlecht war.*

# Roman

*Wenn ihr das Wort Roman hört, denkt ihr vielleicht zuerst einmal an eine schwulstige Liebesgeschichte, die in einem unendlich dicken Buch erzählt wird. Damit liegt ihr gar nicht so verkehrt. Denn es gibt eine Menge solcher Liebesromane, die dem Ruf des Romans ganz schön geschadet haben. Das ist aber ziemlich doof. Denn es gibt eine Menge Romane, die richtig lesenswert sind, weil sie einen hineinziehen in das Buch und nicht mehr loslassen, bis man es zu Ende gelesen hat – ganz egal, wie dick das Buch ist.*

*Habt ihr zum Beispiel schon einmal Erich Kästners „Das fliegende Klassenzimmer" gelesen? Oder Michael Endes „Momo"? Oder Joanne K. Rowlings „Harry Potter"? All das sind nämlich auch Romane. Genau genommen bezeichnet der Begriff „Roman" ein Buch, das eine Geschichte erzählt, in deren Mittelpunkt ein oder mehrere Menschen mit ihren Erlebnissen, mit ihren Schicksalen stehen. Es gibt ganz unterschiedliche Romane, unter anderem Abenteuerromane, Fantasy-Romane, Kriminalromane, Historische Romane oder Science-Fiction-Romane.*

*Ein Roman ist ein Prosatext (→ PROSA), also einer, der nicht wie ein Gedicht in einem bestimmten Versmaß geschrieben ist. Trotzdem zeichnet einen guten Roman aus, dass der Schriftsteller ihn sozusagen komponiert hat, dass die Sprache durchdacht ist und dass alle Handlungsteile am Ende einen großen Sinn ergeben. Denn in einem Roman geht es bestenfalls nicht nur um die unterhaltsame Schilderung dessen, was die Hauptfiguren erleben, sondern auch darum, dass der Leser für sich selbst daraus Schlüsse zieht.*

## 77. Romanik

*Wuchtig steht er da, die mächtigen Mauern erbaut aus großen, geraden Sandsteinquadern: Der Speyerer Dom ist ein prima Beispiel für den Baustil der Romanik (Achtung: Verwechselt den Begriff nicht mit „Romantik" – der bedeutet etwas ganz anderes ➜ ROMANTIK). Wenn ihr diese große Bischofskirche betrachtet, fallen euch sofort die vielen Rundbogenfenster auf. Das sind schon deutliche Zeichen dafür, aus welcher Zeit der Dom ursprünglich stammt, auch wenn er im Laufe der Jahrhunderte immer wieder umgebaut wurde: Etwa um das Jahr 1030 legte Kaiser Konrad den Grundstein für den Dom, 1061 wurde die Kirche geweiht.*

*Die Romanik gilt als erster einheitlicher Baustil in Europa nach der Antike (➜ ANTIKE). Erst ab etwa 750 nach Christus entwickelte sich also eine Art Mode (➜ MODE) in der Baukunst: Die Grundrisse der Häuser und vor allem der Kirchen, die Säulen, Fenster und Decken hatten ähnliche Formen. Ganz modern wurden auch Unterkirchen, sogenannte Krypten, und unterirdische Grablegen für Bischöfe und Adlige. Auch in Speyer könnt ihr eine Krypta und die Grablege wichtiger Kaiser besichtigen. Romanische Kirchen und Burgen zeichnen sich vor allem dadurch aus, dass sie sehr klar und streng gegliedert sind.*

*Die Zeit der Romanik endete etwa um 1250 mit dem Beginn der Gotik (➜ GOTIK).*

# 78. Romantik

*Freie Bahn für die Gefühle! Die Romantik ist eine Kulturepoche, in der die Künstler und Schriftsteller die Seelen der Menschen wieder heilen wollten. Denn bevor die Romantiker Ende des 18. bis Mitte des 19. Jahrhunderts die Gefühlswelt der Menschen in den Mittelpunkt ihrer Werke stellten, hatte das Zeitalter der Aufklärung, hatten Naturwissenschaften und die beginnende Industrialisierung die Gesellschaft verändert. Vernunft war wichtig. Man ließ sich nicht mehr von seinen Gefühlen lenken, sondern ausschließlich vom Verstand. Die Romantiker wollten das wieder ändern, wollten Sehnsüchte wecken und Mut machen, Gefühle zu zeigen. Märchen und Sagen schrieben sie nieder, malten Bilder von geheimnisvollen Orten und flüchteten sich so ein bisschen aus der echten, vernunftbestimmten Welt.*

## 79. Schauspielerei

*Bestimmt seid ihr schon mal in andere Rollen geschlüpft: Beim Spiel mit anderen wart ihr vielleicht mutige Helden, schöne Prinzessinnen oder ganz alltäglich Mutter oder Vater. Dabei habt ihr euch vorgestellt, wie das wohl wäre: Wie ihr euch an der Stelle eurer Figur verhalten würdet, was ihr sagen würdet, wie ihr euch bewegen würdet und natürlich auch, wie ihr euch fühlen würdet.*

*Wenn ihr das nur zu eurem Zeitvertreib macht, ohne Zuschauer, dann ist es einfach ein Spiel. Wenn ihr aber in eine andere Rolle schlüpft, damit euch andere Leute dabei zuschauen, dann ist das Schauspielerei. Und das fällt den meisten Leuten dann schon gar nicht mehr so leicht, sich unter den Augen vielleicht sogar fremder Menschen zu verstellen und Dinge zu tun, die man im richtigen Leben so nie tun würde: mit wildem Geheule Grimassen ziehen, wie eine Ballerina tanzen oder wie ein Rockmusiker singen.*

*Um glaubhaft eine andere Rolle annehmen zu können, braucht man zum einen künstlerische Begabung, zum anderen aber auch die Fertigkeit, sich ganz in die gespielte Person hineinzuversetzen. Dieses Handwerkszeug lernt man an Schauspielschulen, die professionelle Schauspieler ausbilden. Die nächsten Schauspielschulen findet man zum Beispiel in Mannheim, Heidelberg, Mainz, Wiesbaden oder Frankfurt.*

## 80. Skulptur

*Sie stehen in Parks, in Museen, in Kirchen und Tempeln, man findet sie an jahrtausendealten Gräbern: Skulpturen sind Figuren, die aus Stein, Holz, Elfenbein oder anderen Materialien geschnitzt oder gemeißelt wurden. Sie können riesig groß sein, oder winzig klein – wie die berühmte „Venus von Willendorf", die nur etwa elf Zentimeter hoch, dafür aber rund 27.000 Jahre alt ist. Das Wort Skulptur stammt aus dem Lateinischen: „sculpere" heißt übersetzt „schnitzen".*

## 81. Soiree

*Wenn ihr zu einer Soiree (das spricht man etwa „Soareh" aus) eingeladen seid, solltet ihr euch ein bisschen fein anziehen: Denn eine Soiree ist eine feierliche Veranstaltung am Abend. Wer Französisch kann, entdeckt das Wort „soir" für „Abend" darin. Damit ist die Soiree das Gegenstück zur Matinee (→ MATINEE).*

*Früher haben sich vor allem die Adligen am Abend zu Musik, Spiel und geistreichen Gesprächen getroffen, später wollten das auch die wohlhabenden Bürger tun: Sie luden zur Soiree ein und wollten damit auch zeigen, dass sie feine und gebildete Leute sind. Denn das klingt ja ganz anders, als wenn man sich nur zum Kartenspiel verabredet. Man blieb unter sich, wählte seine Gäste sorgsam aus. Diese feinen, privaten Abendgesellschaften mit dem Titel „Soiree" waren später Namensgeber für andere feierliche Abendveranstaltungen, die zu bestimmten Anlässen ausgerichtet werden.*

## 82. Sopran

*"**M**ann, kann die aber hoch singen!", staunt Nals. Er hört sich eine CD mit der Oper "Die Zauberflöte" an, und gerade tönt aus den Lautsprechern die Arie der Königin der Nacht. "Das stimmt", nickt Nessy, die im Schulchor singt und deswegen ein gut geschultes Gehör hat: "Sie hat einen Sopran." "Ist das eine Krankheit, so was wie Heiserkeit vielleicht?", fragt Nals mitleidig.*

***D**a muss Nessy lachen: "Nein, nein! Im Gegenteil: Sie hat eine glockenklare Stimme. Als Sopran wird die höchste menschliche Stimmlage bezeichnet. Normalerweise werden diese hohen Stimmen von Frauen gesungen, weil Männer in der Regel viel tiefere Stimmen haben. Es gibt einige wenige Ausnahmen: Jungs, die wie du noch nicht im Stimmbruch waren, können den Knabensopran singen. Nur ganz selten gibt es Männer, bei denen sich die Stimme beim Erwachsenwerden nicht verändert und die dann auch noch Sopran singen können."*

*"Aha-a-a-aaa!", trällert Nals nun ganz hoch zum Zeichen, dass er das verstanden hat. Dann wird er wieder ernst: "Aber warum hat diese Stimme so einen komischen Namen?" "Das kommt aus dem Italienischen: ‚soprano' heißt so viel wie ‚darüber' oder ‚der Obere'."*

# 83. Souffleur

*Nals fährt bei seiner „Hänsel und Gretel"-Aufführung der Schreck durch die Glieder: Oma Nagute sieht ja aus wie eine echte Hexe! Und schon ist es passiert: Nals hat seinen Text vergessen, den er seit Wochen so fleißig für die Advents-Theateraufführung geübt hatte! Plötzlich hört er Nils, der ihm die nächsten Worte zuraunt: „Wir sind arm und haben Hunger!", tönt es leise aus dem merkwürdigen Kasten auf der Bühne, wo Nils sich für die Zuschauer unsichtbar versteckt hat. Außer den Bibern auf der Bühne hat niemand Nals' Hänger mitbekommen.*

*Nach der Vorstellung klatschen alle laut Applaus. Nals geht zu seinem Bruder: „Danke, dass du mir geholfen hast!" „Ist doch Ehrensache! Außerdem ist doch genau das die Aufgabe eines Souffleurs: Er hilft dem Künstler auf der Bühne, wenn der seinen Text mal vergisst. Das kann schließlich dem besten Schauspieler mal passieren. Und dann ist es gut, wenn da jemand im Verborgenen ist – im Bühnenkasten, in der ersten Zuschauerreihe oder auch in den Kulissen versteckt – der den Text mitliest und heimlich hilft. Ein Souffleur ist – wenn man es wörtlich übersetzt – ein Zuflüsterer".*

## 84. Spielplan

*Für die Schule habt ihr einen Stundenplan, der euch ganz genau zeigt, wann ihr welchen Unterricht habt. An Schauspiel- und Opernhäusern gibt es etwas ganz Ähnliches für jeden Tag: den Spielplan.*

*Für jede sogenannte Spielzeit (die meist vom Herbst des einen bis zum Sommer des folgenden Jahres reicht) wird ein Spielplan aufgestellt. Darin wird festgehalten, zu welchen Terminen welches Stück gezeigt werden wird. Der Spielplan wird vom Leiter des Theaters (➔ THEATER), dem Intendanten (➔ INTENDANT), und seinen Mitarbeitern aufgestellt. Dazu muss er entscheiden, welche Stücke er aussucht: eher ernste oder eher lustige, eher ausgefallene oder eher bekannte. Dabei muss er aufpassen, dass an seinem Theater Sänger oder Schauspieler sind, die die Rollen in den Stücken auch spielen können. Und zum Beispiel auch darauf, dass die Bühnenbilder rechtzeitig gebaut werden können.*

*Der Spielplan ist die Visitenkarte eines Theaters, das Angebot der Künstler an die Zuschauer. Je spannender die Auswahl ist, desto mehr Menschen werden Interesse an den Aufführungen haben. Und je mehr Leute ins Theater gehen, desto mehr Geld steht dem Haus dann für die nächste Spielzeit, den nächsten Spielplan zur Verfügung.*

… 

# 35. Sprache

*Menschen verständigen sich mit Hilfe von Sprachen: Schon als Säugling lernen sie von ihren Eltern ihre „Muttersprache". Eine Sprache hat nur einen Zweck: dass man sich untereinander austauschen kann.*

*Auf der Welt gibt es tausende verschiedener Sprachen, die sich im Laufe der Menschheitsgeschichte entwickelt haben. Eine gesprochene Sprache besteht aus Lauten, die nach einem bestimmten System, also nach klaren Regeln, miteinander verbunden werden können, so dass sie die unterschiedlichsten Bedeutungen haben. Daraus haben sich dann auch Schriftsprachen entwickelt, mit Hilfe derer die Menschen in der Lage sind, Wissen und Informationen aufzubewahren.*

*Und es gibt zum Beispiel auch noch die Körpersprache: Das Gesicht und die Körperhaltung, noch dazu bestimmte Bewegungsabläufe, verraten eine Menge darüber, wie man sich gerade fühlt und was man denkt. Für Menschen, die nicht gut oder gar nichts hören können, wurde eine Gebärdensprache entwickelt: Sie unterhalten sich praktisch mit einer speziellen Körpersprache.*

## 86. Stillleben

*Ein Tisch voller Früchte, Blumen, Wein – o.k., das sieht ganz nett aus. Aber was soll daran besonders sein? Es ist ein Stillleben. Der Begriff sagt schon, worum es geht: Um die Darstellung regloser Dinge.*

*D*as Besondere an Stillleben ist oft nicht das Bild selbst und die Dinge, die darauf gezeigt werden. Vielmehr ist es die Tatsache, dass es solche Bilder überhaupt gibt. Zwar gab es schon in der Antike Darstellungen von Lebensmitteln und bei der Jagd erlegten Tieren, sie dienten aber vor allem der Dekoration, also der Verzierung von Räumen.

*D*och als diese Art der Malerei in Mitteleuropa entstand, nämlich im frühen 16. Jahrhundert, war es hier noch eine Ungeheuerlichkeit, nicht Menschen und religiöse Dinge zu malen, sondern sich auf Gegenstände zu beschränken. Aber die Künstler taten das vor allem aus drei Gründen: Zum einen hatten sie Maltechniken entwickelt, die es ihnen erlaubten, ganz naturgetreu zu malen. Und das wollten sie ganz selbstbewusst allen Leuten zeigen. Zum anderen war es eine Zeit des Aufbruchs: Die Menschen begannen ihren Blick auf die Natur zu richten, sie zu erforschen und damit auch genau darzustellen. Außerdem konnten die Maler zu dieser Zeit von ihrem Publikum schon erwarten, dass dieses in den Bildern auch noch einen hintergründigeren Sinn suchte. Deswegen sind viele der dargestellten Dinge Hinweise auf bestimmte Eigenschaften, auf Tugenden, aber auch auf die Vergänglichkeit der Natur und damit des Menschen.

*D*as erste berühmte Bild dieser Gattung ist das „Stillleben mit Rebhuhn und Eisenhandschuhen". Gemalt hat es Jacopo de' Barbari im Jahr 1504. Es ist in München in der Alten Pinakothek zu sehen. So richtig modern waren Stillleben aber vor allem im 17. Jahrhundert.

# 87. Streichquartett

*Was ein Quartett ist, wisst ihr sicher alle, obwohl das Wort lateinischen Ursprungs ist („quattuor" heißt „vier"): ein Kartenspiel, bei dem es gilt, vier zusammengehörige Karten zu ergattern. Ein Quartett bezeichnet also etwas, das sich aus vier Teilen zusammensetzt. Beim Streichquartett ist das nicht anders. Mit diesem Begriff wird zum einen eine vierköpfige Gruppe von Streichmusikern bezeichnet, zum anderen aber auch die Musikstücke, die für diese geschrieben wurden.*

*Normalerweise ist ein Streichquartett mit zwei Violinen (➜ GEIGE), einer Viola (➜ BRATSCHE) und einem Cello besetzt. Seit Ende des 18. Jahrhunderts gibt es diese kleinen Kammerorchester, für die bis heute viele bekannte Komponisten extra vierstimmige Stücke geschrieben haben: von Joseph Haydn über Wolfgang Amadeus Mozart bis hin zu Ludwig van Beethoven, Franz Schubert oder Felix Mendelssohn Bartholdy.*

## 88. Tenor

*Als Tenor bezeichnet man schlicht die höchste Stimmlage bei den Männern. Tenöre singen oft ganz beliebte Rollen in Opern, so dass die Sänger häufig vom Publikum besonders geschätzt werden.*

*Ein sehr berühmter deutscher Tenor stammt übrigens aus der Pfalz: Fritz Wunderlich wurde am 26. September 1930 in Kusel als Sohn zweier Musiker geboren. Schon als Kind spielte er bei Festen Akkordeon und trat auch bei verschiedenen Aufführungen auf. Später studierte er Gesang und erhielt Engagements an den wichtigsten Opernhäusern und wurde weltberühmt. Doch schon im Alter von knapp 36 Jahren starb er an den Folgen eines Unfalls.*

## 89. Theater

*Die Griechen haben diese Form der Unterhaltung wie keine andere Kultur geprägt, und so geht auf sie auch der Begriff zurück: Ein Theater ist in seiner eigentlichen Bedeutung eine Stätte, an der einem Publikum (→ PUBLIKUM) eine Aufführung gezeigt wird. Bald schon wurde der Begriff ausgedehnt auch auf die Darstellungsform: Etwas, das auf bestimmte Weise einstudiert und aufgeführt wurde, bei dem eine Geschichte auf der Bühne dargestellt wurde, bezeichnete man schließlich auch mit „Theater".*

*Heute unterscheidet man vier Theatersparten (also Theatersorten). Zum Sprechtheater zählen das Schauspiel, die Tragödie und die Komödie, zum Musiktheater gehören die Oper, die Operette und das Musical. Die dritte Sparte bilden das Tanztheater und das Ballett. Und schließlich gibt es noch das Figurentheater, bei dem statt echter Schauspieler Puppen auf der Bühne sind.*

## 90. Urauffführung

*Urzeit (aber ohne „h"!), Ursprung, Uraufführung – all diese Begriffe haben etwas gemeinsam: Sie beschreiben etwas, das als Erstes einer Reihe verstanden werden kann. Und so ist eine Uraufführung die erste öffentliche Aufführung eines Musikstückes, eines Schauspiels oder eines Kinofilms überhaupt. Manchmal sprechen Erwachsene sogar von einer „Welturaufführung", um die Bedeutsamkeit der Veranstaltung zu betonen. Das ist aber wirklich großer Quatsch! Denn außerhalb der Erde, der Welt, wurde bis heute noch keine Uraufführung gezeigt. Oder habt ihr etwa schon mal etwas von einer Monduraufführung gehört?*

## 91. Urheberrecht

*Hat schon mal jemand bei einer Klassenarbeit oder einem Test von euch abgeschrieben und so eine bessere Note bekommen? Na ja, wirklich ehrlich ist das nicht. Denn da gibt ja einer etwas als eigene Leistung aus, das er sich erschwindelt hat.*

*Noch schlimmer ist es, wenn jemand eine Idee von einem anderen übernimmt und dann statt seiner Geld damit verdient. Hier greift das sogenannte Urheberrecht: Das soll garantieren, dass jeder ganz allein über seine Ideen und Werke – also auch künstlerische oder schriftstellerische – bestimmen kann. Man darf also zum Beispiel nicht einfach fremde Bücher, Fotos oder Musik kopieren und sie irgendwo veröffentlichen. Man braucht dazu unbedingt das Einverständnis des Urhebers, also desjenigen, der diese Dinge jeweils geschaffen hat. Sonst kann der den „Gedankendieb" verklagen. Und das kann richtig teuer werden!*

*Was noch ganz wichtig ist: Wenn man etwas von einem anderen übernimmt, muss man ihn auch als Quelle (→ QUELLE) nennen, sonst handelt man nicht nur unehrenhaft, sondern kann auch dafür rechtlich belangt werden. Also: Abschreiben hilft niemandem!*

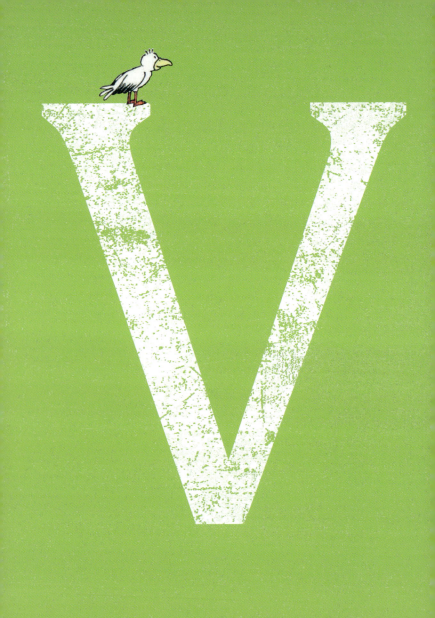

## 92. Verlag

*Dieses Buch ist in einem Verlag erschienen. So wie die Zeitung auch. Und so wie die Musik- und Hörspiel-CDs, die ihr vielleicht in eurem Zimmer habt. Ein Verlag ist ein Unternehmen, das Medien (➜ MEDIEN) herstellt und sie dann verkauft. Dazu kauft ein Verlag die Rechte (➜ URHEBERRECHT) zum Beispiel an Texten und Musik von den Autoren (➜ AUTOR) und Komponisten (➜ KOMPONIST) ab, stellt dann Bücher und so weiter daraus her, macht Werbung dafür und verkauft sie meist über Händler vor Ort oder im Internet. Den Chef eines Verlages nennt man Verleger.*

# 93. Vernissage

„Liebe Familie Nager!", liest Papa Nagbert am Abendbrottisch aus einer schönen Klappkarte vor: „Zur Vernissage meiner Ausstellung ‚Holz – Biss-Spuren. Lebens-Splitter.' lade ich Sie ganz herzlich für kommenden Freitagabend, 19 Uhr, in mein Atelier am Speyerbach ein. Ich freue mich, Ihnen persönlich die Intention meines künstlerischen Schaffens erläutern zu dürfen. Mit besten Grüßen Ihr NagNag." – „Was! Der große NagNag lädt uns einfache Biber zu seiner Vernissage ein?", verschluckt sich Naglinde fast an ihrem Butterbrot.

„Zur Wernisaasch? Was soll denn das sein?", guckt Nals ratlos umher. „Das ist nichts weiter als die Eröffnung einer Ausstellung", erklärt Nils. „Und wieso schreibt er dann nicht einfach Ausstellungseröffnung?", wundert sich Nals. „Na, weil's eben feierlicher und edler klingt! Diese Worte aus dem Französischen haben früher die Adligen gerne benutzt, damit sie zeigen konnten, dass die Dinge, die sie veranstalten und besuchen, etwas ganz Besonderes sind", erklärt Nils seinem kleinen Bruder. „Da hat Nils völlig recht", nickt Nagbert und erklärt weiter: „Das Wort kommt aber eigentlich von ‚Vernis', dem französischen Wort für Firnis (→ FIRNIS). Das Aufbringen des Firnis und damit der Abschluss der Arbeit wurde einst vom Künstler mit seinen Gästen gefeiert. Später wurde daraus der Begriff für die Ausstellungseröffnung."

„Feier klingt gut!", meint Nessy, und: „Ich muss gleich überlegen, was ich da am besten anziehe!" „Am besten was Schwarzes mit einem ausgefallenen, bunten Schal", grinst Nils, der schon viele Zeitungsbilder von Vernissagen gesehen hat: „Das tragen die meisten dort, die zeigen wollen, dass sie einen guten Geschmack und Ahnung von Kunst haben."

## 94. Vers

*Ihr erkennt ein Gedicht auf den ersten Blick: Es ist meist in einzelne Zeilen gegliedert. Wenn ihr es laut sprecht, merkt ihr, dass die Worte einen bestimmten Rhythmus ergeben, eine Art Melodie zeichnen. Es ist in Versen geschrieben. Ein Vers hat immer diese gebundene Form. Man bezeichnet diesen Rhythmus einer Verszeile auch als „Versmaß" oder „Metrum". Verse können sich reimen, müssen aber nicht. Neben Gedichten wurden früher praktisch alle Theaterstücke in Versform niedergeschrieben. Auch die Griechen und Römer haben ihre wichtigsten erzählenden Texte in Verse gefasst.*

# 95. Virtuose

*Einem echten Virtuosen begegnet man selten: Denn der Begriff bezeichnet jemanden, der etwas nicht nur außerordentlich gut kann, sondern sich außerdem stets bemüht, seine besonderen Fertigkeiten noch weiter zu verbessern. Dabei riskiert er sogar mutig Niederlagen, nur um sich selbst immer weiter zu übertreffen. Normalerweise spricht man von Virtuosen nur im Zusammenhang mit Dingen, die eine bestimmte handwerkliche oder technische Fertigkeit erfordern: das überaus geschickte Spielen eines Instrumentes zum Beispiel oder das Singen. Das Wort ist lateinischer Herkunft: Mit „virtus" bezeichneten die Römer einst Tugend, Mut und Tüchtigkeit – also alles Eigenschaften, die ein echter Virtuose braucht, um in seinem Fachgebiet perfekt zu werden.*

## 96. Vorsprechen

*Achtung: Auch wenn „sprechen" und „sagen" fast die gleiche Bedeutung haben, ist „Vorsagen" etwas völlig anderes als „Vorsprechen". Bestimmt hat euch in der Schule auch schon mal ein Freund aus der Patsche geholfen, indem er euch etwas vorgesagt hat. Beim Vorsprechen aber ist jeder auf sich ganz alleine gestellt: Denn für Schauspieler ist das Vorsprechen sozusagen die Bewerbung um eine bestimmte Rolle oder für ein festes Engagement, also eine Anstellung.*

*Beim Vorsprechen trägt der Schauspieler einen Teil einer Rolle vor. Dabei gibt er sich ganz viel Mühe, denn statt der Zuschauer gucken sich das der Intendant (→ INTENDANT), der Regisseur (→REGISSEUR) und/oder einige andere Theatermitarbeiter an und entscheiden schließlich, welcher Schauspieler am Ende den Vertrag bekommt. Heute wird das Vorsprechen meist als „Casting" bezeichnet, das sich aber eigentlich auf Vorstellungsrunden in allen künstlerischen Bereichen bezieht.*

## 97. Welterbe

*Menschen auf der ganzen Welt haben vieles gemeinsam. Und doch hat jede Kultur, jede Region ihre Besonderheiten. Seit Jahrtausenden gestalten Menschen ihre Lebensräume auf unverwechselbare Weise: Da gibt es die Pyramiden von Gizeh, beeindruckende Reisterrassen auf den Philippinen oder den Speyerer Dom. Das alles sind Zeugnisse der jeweiligen Kultur, für die Fertigkeiten und das Geschick ihrer Erbauer. Das macht sie als Kulturerbe so wertvoll. Dann gibt es noch einzigartige Naturlandschaften, die ebenfalls von unschätzbarem Wert sind. Deshalb hat die Unesco, das ist die Organisation der Vereinten Nationen für Erziehung, Wissenschaft und Kultur, inzwischen mehr als 960 Kultur- und/oder Naturdenkmäler in fast 160 Ländern in die Liste des Welterbes aufgenommen. Die Unesco überwacht, dass ihre Mitgliedsstaaten diese Stätten auch wirklich gut erhalten, und hilft unter bestimmten Voraussetzungen auch, wenn das eine oder andere Land es sich nicht leisten kann, Welterbestätten zu schützen und zu pflegen.*

## 98. Xylophon

*Ertappt! Das Xylophon taucht nur deshalb hier auf, weil es mit „X" beginnt. Trotzdem lohnt es sich, sich dieses Instrument einmal genauer anzuschauen. Denn genau genommen ist es die logische Weiterentwicklung dessen, was Menschen seit jeher und schon als Kinder gerne tun: mit Stöcken auf Dinge klopfen und damit interessante Töne und Rhythmen erzeugen.*

*Ein Xylophon heißt übersetzt etwa „Holzstimme" oder „Holzklang". Es besteht aus vielen nebeneinander angeordneten Holzstäben, die unterschiedlich lang sind. Jeder dieser Holzstäbe klingt in seinem eigenen Ton, wenn man ihn mit einem Schlägel anschlägt.*

## 99. YouTube

*Rund um den Globus spannt sich das Internet. Informationen werden in Sekundenschnelle ausgetauscht, man hat Zugriff auf Wissen von überall her. Zugleich ist das Internet auch eine Plattform für Kultur geworden: Künstler präsentieren ihre Werke, Filme und Musik sind längst online verfügbar. Beispielhaft steht dafür YouTube. Diese Internetseite ermöglicht praktisch jedem, der über einen Internetzugang verfügt, seine eigenen Videos hochzuladen und zu veröffentlichen. Mancher unbekannte Musiker erhofft sich, dort entdeckt und berühmt zu werden, und stellt sein Video ein. Aber auch die Videos von Stars kann man sich dort ansehen. Und dazwischen gibt's natürlich auch eine Menge Unsinn. Schwierig ist das Ganze deshalb, weil dabei oft Urheberrechte (→ URHEBERRECHT) verletzt werden – manchmal ganz bewusst, manchmal ohne dass der YouTube-Nutzer sich darüber im Klaren ist.*

## 100. Zeitgeist

*Huhuuu, huhuhuuu! Nein, nein: Vor diesem Geist braucht ihr euch nicht so sehr zu fürchten. Der Zeitgeist ist natürlich kein Gespenst, das zur Mitternacht durch Gruselschlösser spukt und die Leute erschreckt. Na ja: Sehen kann man diesen Zeitgeist natürlich auch nicht, höchstens seine Auswirkungen. Aber auch die nur, wenn man den Zeitgeist entdeckt hat und ganz genau hinschaut, was genau ihn ausmacht. Denn als Zeitgeist wird bezeichnet, wie eine Gesellschaft in einer bestimmten Epoche, also in einem bestimmten Zeitalter, denkt und fühlt. Der Zeitgeist ist also ein bisschen so etwas wie eine Denk-Mode (→ MODE).*

# 100 Mal schlauer:

**Hundert Begriffe hat euch Nils Nager jetzt erklärt. Aber außer der Kultur gibt es in der Zeitung ja noch drei weitere klassische Ressorts: die Politik, die Wirtschaft und den Sport. Ihr könnt also schon gespannt sein, was euch der schlaue RHEINPFALZ-Biber in den weiteren drei Bänden erklären wird ...**

# Der Kinderclub der RHEINPFALZ – kostenlos und für alle Kinder

**Informationen und Anmeldung auf
www.nils-nager.de**